心が元気になるたった1つの休め方

植西 聰

JN143102

青春新書
PLAYBOOKS

はじめに……「疲れる前に休む」というがんばり方、働き方をしましょう

人が幸せに生きていくためには、「適度に休む」ということが絶対に必要です。

休むことなしにがんばっていったら、その人はどこかでパンクしてしまうことになるでしょう。休むことで心身にエネルギーが補充されます。そして、そのエネルギーを使って、また常に進むということが可能になるのです。したがって、「休み休みしながら、生きる」ということが大切になってきます。

人は、よく、「この仕事を終えるまで、がんばろう。休むのは一段落してからでいい」と言います。それまで心と体のエネルギーが持続すればいいのですが、往々にして、その前にエネルギーが尽きてダウンしてしまうこともあるのです。

したがって、その途中で、短い時間こまめに休みを取りながら、その仕事を進めていくことが大切になってきます。

仕事の途中、休む習慣を持つと効率が良くなります。そうすることで、最後まで集中力を切らせることなく、その仕事をやり終えることができます。

この本では、「上手に休みながら物事を進めていく重要性」をアドバイスしています。

また、「心を休める方法」を、さまざまな角度から具体的に取り上げています。

最近、いつもイライラしながら暮らしている人がたくさんいます。

モヤモヤした感情を晴らすことができずに困っている人がいます。

特に、一生懸命に働き、そして生きている人ほど、そのようなネガティブな感情を引きずっているケースが多いようです。

大きな原因が、がんばりすぎや、休まず突っ走ってしまうことであるように思います。

イライラやモヤモヤといった感情は、「もうがんばれない」「少し休ませてほしい」という心の叫びだといってもよいのです。

ですから、ほんのわずかな時間でもかまいませんから、適度に休み休みしながらがんばっていく方がいいと思います。

短い時間で、効率的に心と体を休めるには、ちょっとしたコツも必要になってきます。

そんなコツも、本書の中で色々と取り上げています。

本書が、読者の皆様の心身の健康に少しでもお役に立つことを願っています。

『心が元気になるたった1つの休め方』もくじ

1章 「一段落してから」では回復に時間がかかる

2章 〝たった3分〟で次の流れが決まる

3章

「なぜかイライラ……」が消えていく3分のコツ

4章

「落ち着かない」「気が急《せ》く」がやわらぐ3分のコツ

5章

心配や不安が軽くなる3分のコツ

6章 “折れない心”が育つ3分のコツ

7章 怒りやイザコザに振り回されなくなる3分のコツ

8章

迷いが吹っ切れる3分のコツ

9章 人づきあいに疲れたときの3分のコツ

10章

自信がわいてくる心の休め方

本文デザイン／青木佐和子

1章

「一段落してから」では回復に時間がかかる

01 気を使う仕事がある日は、「休む時間」も予定しておく

周囲の人たちに気を使いすぎて、非常に疲れてしまうことがあるでしょう。

いわば「気疲れ」です。

たとえば、何かのイベントの進行役を任されて、そこに集まる大勢の人たちに気を使わなければならないときです。

仕事の関係で、偉い人を接待しなければならないときも、気を使って、後になって強い疲労感をおぼえてしまうものです。

女性にとっては、恋人や夫の両親に挨拶《あいさつ》に行く、というようなときも、相手の両親に気を使って、気疲れしてしまうこともあると思います。

また、もともと性格的に繊細《せんさい》で、人に気を使いやすい、というタイプの人もいます。

そのような人は、会社のように大勢の人に囲まれて仕事をしているという環境に身を置

くだけで、ぐったりと気疲れしてしまうことが多いようです。

このように「気疲れしてしまったとき」こそ、しっかりと休むことが大切になってきます。

「気疲れ」とは、言い換えれば、その人の心に大きなストレスのかかっている状態です。

その精神的なストレスをそのままの状態にしておくと、前向きに生きる意欲を失ったり、気持ちがうつ状態になってしまうことがあります。

また、それが何らかの病気の原因になってしまうこともあるでしょう。

ですから、気疲れというものを、あまり軽く考えない方がいいのです。

気疲れを感じたときには、一人になる時間を作って、リラックスできる音楽などを聴いて、ゆっくり休息するのがいいでしょう。

そうすれば、精神的なストレスが取り払われて、ふたたび元気が戻ってきて、また、前向きにがんばれるようになります。

コツ 「気疲れ」の回復を自然に任せない

02

心の回復力が強い人ほど、「ダメなときの休み方」を知っている

「何をやっても、うまくいかない」ということがあります。

気持ちが焦《あせ》り、また、「自分はダメだ」と自己嫌悪の感情もわいてきます。

そのようなときこそ、「しっかり休む」ということが大切です。

人間には、落ち込むことがあっても、そこから立ち直る力が自然に備わっています。

「立ち直る力」は、ゆっくり休んでいるときに活発に活動します。

ですから、ひどく落ち込んでしまうことがあっても、ゆっくり休んでいると、自然に、

「まあ、どうにかなるだろう。こんなことでめげずにがんばろう」

「私は、こんなことでダメになる人間じゃない」

という意欲がわいてくるのです。

そして、ふたたび立ち上がって、がんばっていくことができるようになります。

言い換えれば、心の回復力が強い人ほど、このような「ダメなときの休み方」を、よく心得ているのです。

反対に、自分がダメになっているときに、休むことなく、「どうにかしなければならない」と、がんばり続けてしまったら、どうなるのかと言えば、この「心の回復力」もどんどん弱まっていってしまうのです。

その結果、自分の限界まで達したところで、ガクンと落ち込んだまま、立ち直れなくなる、ということにもなりかねません。

ですから、自分の限界まで行ってしまう前に、「まずは、一休みする」ということを心がけていくことが大切です。

ダメなときは、無理をしてがんばっても、立ち直れません。
しっかり休んでこそ、立ち直れます。

立ち直って、フレッシュな気持ちになれば、ふたたび元気に活動できます。

コツ ダメなときは無理してがんばらない方がいい

03

いい考えは、たいてい休んだ直後に出てくる

机にかじりついて、ウンウンうなるようにして必死に物事を考えていたとしても、「いいアイディア」はなかなか浮かんでこないものです。

むしろ、頭の中がこんがらがっていくばかりで、何をどう整理して考えればいいのかさえわからなくなってきます。

イライラも募《つの》り、腹も立ってきて、集中力も失っていきます。

そのようなときには、むしろ、ちょっと休む方がいいのです。

仕事場から離れ、散歩をしたりして、ぼんやりとする時間を作るのです。

すると、その「ぼんやり休んでいる時間」に、「そうだ、こうすればいいんだ」という、いいアイディアが突然浮かんでくることがあります。

いわゆる「ヒラメキ」を得られるのです。

良いヒラメキというものは、「ぼんやり休んでいる時間」に生まれることが多いということが、心理学や脳科学でも知られています。

たとえば、イギリスの物理学者であるアイザック・ニュートン（17～18世紀）です。

このアイザック・ニュートンは、「地球には引力がある」という「万有引力の法則」を発見したことで有名ですが、この「万有引力の法則」というヒラメキを得たのは、ぼんやりと休んでいるときだったと言われています。

考えごとに疲れて、散歩に出て、ぼんやりとリンゴの木を見ているときでした。

その木からリンゴの実が落ちるのを見て、「そうだ、これだ」と、「万有引力の法則」を思いついたのです。

このアイザック・ニュートンの事例のように、いいアイディアというものは、ぼんやり休んでいるときに、突然ひらめくということがよくあります。

したがって、気を使ったり、考えごとをして疲れたときには、休む方が得策です。

コツ 「集中して考える」と「ぼんやり休む」をセットにする

04 あえて途中で切り上げる方が、やる気が出る

職場で、「終業時間になっても、まだ仕事が山のように残っている」ということがあると思います。そこで、「終電まで残業して、がんばろう」と考える人もいるでしょう。しかし、その選択が、必ずしも良い結果にならない場合もあります。

実際に、終電まで残業して、がんばったとします。しかし、そのために、グッタリと疲れ果てた状態で帰宅することになります。一晩寝ても、その疲れは取れません。翌朝まで疲れが残り、グッタリとした状態で会社に行きます。そのために仕事は捗《はかど》らず、結局は、遅れ遅れになってしまいます。

がんばって終電まで残業したために、全体的に見れば、かえって仕事が遅れてしまう、ということにもなりかねないのです。

そういう意味では、たとえ仕事が終わらなくても、「終業時間が来たら、そこで仕事を

切り上げて、自宅でゆっくり休息した後、翌日は新鮮な気持ちでまたがんばる」という選択もあります。

最後まで終わらせたいという気持ちがわくし、メリハリのある時間の使い方をする方が、全体的には、効率的に仕事を終わらせることができるのです。

童話やアニメで有名な「ムーミン」の原作者であるフィンランド人のトーベ・ヤンソン（20～21世紀）は、

「たまに休むのも、一つの仕事である」

と述べました。

やり終えていない仕事を残して帰宅することに罪悪感をおぼえる人もいるかもしれません。

そんな人は、このトーベ・ヤンソンの言葉を思い出すのがいいと思います。

「しっかり休んで鋭気《えいき》を養う」ということも「一つの仕事」なのです。

そう考えることができれば、罪悪感も消えるでしょう。

コツ やる気がつづく工夫をする

05

休み上手ほど、遠くまで行ける

「休み方が下手な人」がいます。

どのような人なのかと言えば、「がんばりすぎてしまう人」です。

疲れていても、気持ちが落ち込んでいるときがあっても、とにかく前へ前へとがんばりすぎてしまうのです。

人生を前向きに、ポジティブに生きていくことは大切です。

しかし、疲労こんぱいしているときに、無理をして前へ前へとがんばりすぎてしまったら、途中でダウンしてしまうことになるでしょう。

古代ローマの詩人に、オウディウス（紀元前1〜紀元1世紀）という人物がいました。

彼は、「休息する時間がなければ、継続できない」と述べました。夢を叶えたり、大きなことを成し遂げようというときに大切なのは、この言葉にある「継続」ということです。

夢や、大きなことは、一日で成し遂げることはできません。

何日もかけて、少しずつ努力を継続していくことが大切なのです。

そして、そのために大切なのは「休み上手になる」ということなのです。

上手に休む時間を取り入れていかなければ、長い道のりを継続して前へ進んでいくことはできないのです。

言い換えれば、「休み上手な人」ほど、がまん強く、地道に、物事を継続していくことができます。

その結果、信じられないほど遠くまで歩いていけます。

つまり、自分の夢を叶え、そして、大きなことを成し遂げることができるのです。

したがって、「疲れたら、休む」「落ち込んだら、休む」ということを心がけて、努力を続けていくことが希望を実現するコツになります。

コツ 「疲れたら休む」に罪悪感を持たず、積極的に「休む時間」を活用する

06 休みたいのに休めない心理

頭では「休まなきゃ」とわかってはいても、疲れがたまり、「休みたいけど休めない」と言う人がいます。

「休んでかえって後が大変になるなら」と考え、有給休暇を取らずにがんばってしまいます。

しかし、それほど「後《おく》れを取る」とか「後が大変」などと心配することはないのです。

ツルゲーネフは、トルストイやドストエフスキーと並んで、ロシアの大文豪の一人として知られています。『初恋』や『父と子』といった代表作があります。

彼は、「疲れた人は、ちょっとの間、道端の草に腰を下ろして休むと良い。道を行く人は、休んでいる間に、そう遠くへは行かない」（意訳）と述べました。

「休んでいる間に、それほど後れを取ることはない。しっかり休んで元気を取り戻せば、先を行った人にすぐに追いつける」と指摘しているのです。

疲れたら、ちょっと休む。たまには有給休暇を取る方がいいと思います。罪悪感をおぼえる必要は決してありません。

後れはすぐに取り戻せます。

しっかり休んで、ふたたび元気に歩き出す方が賢明です。

コツ 忙しくても、疲れる前に休む

1章のポイント

◎ 疲れそうな仕事や予定があるなら、前もって「休む時間」も計画に入れておく

◎ うまくいかないとき、無理してがんばると立ち直りが遅くなる

◎ 新しい発想が欲しいときこそ、ちょっと休むといい

◎「休むのも仕事のうち」と考える方が成果があがる

◎「休むなんて、怠けるのと同じ」という固定観念を捨て、ポジティブに休みを活用する発想に切りかえる

◎「休むと周囲から後れを取る」は取り越し苦労である

2章

〝たった3分〟で次の流れが決まる

01

“3分休憩”が「頂上」をつれてくる

ある登山家が言うには、「山頂まで登るためのコツが一つある」そうです。

それは、「小まめに休みながら登っていく」ということです。

たとえば、「30分登ったら、3～5分休む」といったように小まめに休みながら登っていきます。

30分登っていった段階で、「まだまだ疲れていない。私は元気一杯だ」と感じることがあるかもしれません。

しかし、だからといって「休まずに登って行こう」と考えるのではなく、疲れている疲れていないにかかわらず、小まめに休みを取っていくのがいいようです。

そこで「たいして疲れていないから、休みなんて取らなくていい」と考えてがんばっていくと、結局は後になってドッと疲れが出て、頂上までたどり着けない、ということにな

りかねません。

休み休み登っていってこそ、最後まで体力を温存し、そして山頂まで登っていくことができるのです。

人生も、そんな登山と同じだと思います。

「小まめに休み休み、前に進んで行く」という習慣を持つことが大事です。

がんばりすぎてしまうのは禁物です。

「あまり疲れていないから」といって、そこで休みを取らずにがんばってしまうことはしない方がいいのです。

そんなことをすれば「目標を達成する」ということの前に挫折してしまうことになるでしょう。

「人生の頂上」にはたどり着けないのです。

小まめに休んでいってこそ、「人生の頂上」にたどり着けるのです。

コツ あまり疲れていなくても、少しの時間休む習慣を持つ

02

「一段落したら」ではなぜ遅いのか？

アメリカの心理学者でありエッセイストでもあったリチャード・カールソン（20〜21世紀）は、「リラックスするとはどういうことか？　この言葉を何千回も耳にしながら、その意味が本当に分かっている人はほとんどいない。私たちのほとんどは『やるべきこと』がなくなってからリラックスしようと考えている。**人生の書類入れが空になることは絶対にないのに**」と述べました。

確かに、考えさせられる言葉だと思います。

人は、往々にして、大変な仕事を終えてから休もうと考えます。

すべてをやり終えてから、心を休めよう、リラックスしよう、と思います。

途中で疲労を感じたとしても、「とにかくこの仕事を終えるまでは、休まずにがんばろう」と思います。

しかし、そのように、疲労を感じながらがんばろうとすればするほど、その人の心身には強いストレスがかかります。

疲労感とは、人の心身の中で無意識に生じるブレーキのようなものです。

そこで、なおもがんばろうとすることは、ブレーキのかかった状態でアクセルを踏むようなものなのです。

もし自動車で、ブレーキを踏みながらアクセルを吹かすようなまねをしたら、どうなるでしょうか?

おそらくはエンジンが故障してしまうでしょう。

そういう意味から言えば、疲労感を感じた段階で心身を休ませる方がいいのです。

「この仕事を終えてから休もう」ではなくて、「わずかな時間であっても、少しずつ休み休みしながら仕事を進めていこう」と考える方が賢明なのです。

その方が、結局は、効率的に早く仕事を終わらせることができます。

コツ 「この仕事を終えてから休もう」では、かえって効率が悪くなる

03

「怠ける」ではない休息をとる

『ゲゲゲの鬼太郎』で有名なマンガ家の水木しげる（20～21世紀）さんは、「適当にやらないと、マンガ家は死ぬよ。寝ないとダメ。食べたいものは食べないとダメ。疲れたら休まないとダメ」（意訳）と述べていたと言います。

マンガ家という仕事は非常に多忙です。

特に水木しげるさんのような人気マンガ家になれば、非常に忙しかったのでしょう。だからこそ、「疲れたら休まないと、やっていけない」と言っていたのです。

「忙しいのだから、休んでなどいられない。忙しいときに休んでいるなんてできない」という人もいるかもしれません。

しかし、水木しげるさんは、むしろ、「忙しいからこそ、適当に休み休みやることが大切だ」という意味のことを言っていたのです。

いい意味で適当にやっていかないと、体力がもたない、ということなのでしょう。

休み休みしながら適当にやっていかないと、ストレスで心が押しつぶされてしまう、ということだと思います。

体力的にも、そして精神的にも、適当にやっていくということが大切なのです。

小まめに休んで、適当にやってこそ、素晴らしい仕事を完成させることができます。

次から次へと舞い込んでくる忙しい仕事を片づけていくことができるのです。

人間は機械ではありません。

機械なら、休みなく働くこともできるかもしれません。

しかし、生身の人間は、どうしても「休む」ということが必要になってくるのです。

「休む」ということは、「怠ける」ということではありません。

それは責任感を持って誠実に仕事をやり遂げるための、一つの知恵だと言ってもいいと思います。

コツ 適当に休んでこそ、忙しい仕事を片づけていける

04

50分がんばったらリラックスしよう

人間の集中力が持続するのは、平均して、およそ50分程度だと言われています。

この50分を超えて、なおもがんばっていこうとすると、だんだん集中力が落ちてきます。効率も落ちて、がんばっている割には物事が先へ進んでいかない、という状態になってきます。

そうなると、精神的にもイライラしてきます。

ストレスもたまります。

そのイライラやストレスが心の重荷になって、さらにいっそう集中力が落ち、効率性も下がっていく、ということにもなりかねないのです。

したがって、50分程度がんばったら、そこで一休みするのが良いのです。

休憩時間は10分程度、時間のない人は3分間でもかまいません。

少しその場を離れたり、目をつぶって瞑想したり、水を飲んだりして、一息入れます。そのようにして心を休めリフレッシュすることで、集中力がよみがえります。

そして、一日の生活を、50分程度集中したら一休みし、50分程度集中したらまた一休みする、というリズムに乗ってがんばっていくのです。

もちろん、お昼には、十分な休息を取ります。

そして午後も、50分程度集中したら一休みするというリズムを繰り返します。

そんなふうに一休み一休みしながらがんばっていくことが、もっとも効率的で生産的な一日の過ごし方なのです。

また、この50分という集中力の持続時間は、老化と共に短くなります。

年齢を重ねた人は、45分がんばったら一休みする、あるいは40分がんばったら一休みする、ということを考える方がいいと思います。

コツ 自分なりの「集中力の持続時間」に合わせて休む

05

3分間、目を閉じると脳に変化が起きる

手軽に心を休ませる方法の一つに、「目を閉じる」というものがあります。

気持ちを静かにして、ちょっとの時間、目を閉じます。

嫌なことや、厄介《やっかい》なことはすべて忘れ去って、無心になって目を閉じます。

そうすると、脳の中で盛んにα《アルファ》波が発生することが知られています。

このα波が脳内で盛んに発生すると、心がとてもリラックスするのです。

ですから、心が疲れたり、ストレスだらけになっていると感じたときには、3分程度「静かに目を閉じる」という習慣を持つことがいいと思います。

これならば、いつでも、どこでもできる簡単なメンタルヘルス法になります。

また、焦りを感じたり、不安に思うことがあったときなどにも、感情的になることなく気持ちを落ち着かせる方法として、この「静かに目を閉じる」ということが有効であると

思います。

一方で、現代人は、携帯電話やパソコンの画面を見ている時間が長いので、普段から目の疲れを感じている人も多いようです。

もちろん「目を閉じる」ということは、目の疲れを癒す意味でも効果的です。

ちなみに、禅では、「半眼《はんがん》」と言って、目を完全に閉じてしまうのではなく、少しだけ開いた状態にしておきます。

わずかな光が目の中に入ってくる状態にしておくのです。

これは、眠ってしまわないための工夫なのですが、この「半眼」であっても十分なリラックス効果があります。

「目を閉じると、すぐに眠気に襲われてしまう。しかし、眠ってしまいたくはない」と言う人は、この半眼で目と心を休ませるのがいいでしょう。

コツ 心に疲れを感じたときは、3分だけ目を閉じてみる

06
心は急に深くリラックスできない

禅の言葉に、「大安心」というものがあります。

「だいあんじん」と読みます。

仏教で言う「悟り」のことを、「大安心」という場合もあります。

つまり、「大安心」とは、「人間のすべての悩み、苦しみ、悲しみ、心配、不安といった煩悩《ぼんのう》から解き放たれて、大きな安心感に包まれている心の状態」を言い表しているのです。

そんな大安心を得られれば、これほど幸せなことはありません。

ただし、「大きな安心」とは言っても、それは「小さな安心」の積み重ねではないかと思います。

つまり、いきなり「大きな安心」を得ようと思っても、それは無理なのです。

日頃から、働きすぎ、がんばりすぎに注意して、小まめに心を休ませていく習慣を持つことが大切です。

ほんのわずかな時間であっても、一日の生活の中で小まめに心を休ませていけば、それはやがて積もり積もって「一生の安心」につながっていくのです。

よく、がんばりすぎが崇《たた》って、病気になってしまう人がいます。

病気になってから、「休むことが大切だ」と、やっと気づく人がいます。

できれば、病気になる前から「休むことの大切さ」に気づいてほしいと思います。

それを知っている人は、病気になる前から、休み休みしながら生きていくことを習慣にしているのです。

そうすれば、病気を予防できます。

その結果、病気を心配することなく、安心して生きていけます。

コツ 病気になってからではなく、健康なうちに「休む大切さ」を知っておく

07
一日一度「美しいものに感動する時間」をとる

「美しいものを見る。美しいものを見て感動する」ということが、心を癒すことが知られています。

「美しいもの」とは、たとえば、絵画や花といったものです。

絵画や花を見て、「なんて美しいんだろう。感動した」と思ったとします。

すると、脳の中で、セロトニンという物質が盛んに分泌されます。

そして、セロトニンという物質が盛んに分泌されると、心が癒されるという効果が促されるのです。

そういう意味では、部屋に美しい絵や、美しい花を飾っておいて、疲れやストレスを感じたときに少しの時間眺めながら心を休ませるという習慣を持つこともいいと思います。

それが、心安らかに暮らしていく、ということにつながっていきます。

また、美しい花、美しい自然、美しい風景といったものの写真を手帳にはさんだりスマートフォンに入れておいて、ちょっと時間があるときにそれを眺める、という方法もあります。

実際の自然ではなく、写真に写った美しい自然であっても、十分なリラックス効果があることが知られています。

そして、何よりも、「感動する」ということが大切です。

ただ漠然《ばくぜん》とした気持ちで「美しいもの」を見ているのではなく、自分で意識して感動を引き起こすことが大切なのです。

感動することで、よりいっそうリラックス効果が高まるからです。

心の中で、「きれいだ。美しい。感動的だ」とつぶやいてもいいでしょう。

もちろん、周りの人に迷惑がかからないならば、声に出して「きれいだ」と言ってみても良いと思います。

一日に一度は、美しいものに感動する時間を作るといいと思います。

コツ 感動するとリラックスできる

08
いい音や音楽の力を借りる

脳内物質の一つにセロトニンというホルモンがあります。このセロトニンというホルモンには、心身をリラックスさせる効果があることがわかっています。

つまり、脳内で、このセロトニンの分泌が盛んになると、心が休まり体がリラックスするのです。

また、日常生活の中である工夫をすることによって、このセロトニンの分泌を促すことができることも知られています。

その方法の一つは、たとえば、「ゆったりとした音楽を聴く」ということです。

いわゆるヒーリング・ミュージックと呼ばれるような音楽が特に効果的です。ヒーリングは英語で「healing」と書きますが、これには「癒す」という意味があります。

人の心を癒す効果がある音楽のことを、ヒーリング・ミュージックと言います。

したがって、そのようなヒーリング・ミュージックを、ちょっと時間ができたときに短時間聴く習慣を持つようにすると、いいと思います。

音楽の初めから終わりまで通して聴くことはないのです。

3〜5分程度、リラックスできる、ゆったりとした音楽を聴くだけでも、十分に効果があると思います。

多くの人は仕事中に音楽を聴くことはできないと思いますが、たとえば、お昼休みや、電車での移動中にそのようなヒーリング・ミュージックを聴くようにするのです。心が休まり、いいストレス解消になります。

コツ 日常生活の中に、ゆったりした音楽を取り入れる

09

自然界の音には疲れた心を癒す力がある

「浜辺で打ち寄せる波の音を聴いていたり、また、川のせせらぎの音を聴いていたり、あるいは、森の中を風が吹き抜ける音を聴いていると、不思議に心が休まってくる」という経験を持つ人も多いと思います。

波の音や、せせらぎ音や、風の音といった「自然界が発する音」には、人の心を癒す効果があるのです。

ある研究では、自然界の音には「1／f《エフ分のいち》ゆらぎ」という独特のリズムがあることが知れています。この「1／fゆらぎ」というリズムのある音を聴いていると、脳内でα波という脳波が盛んに発生します。

このα波が盛んに発生すると、とても心がリラックスしてくるのです。

自然豊かな場所に行ける人は、心に疲れを感じたときには、そんな「自然界が発する

音」にちょっとの時間耳を傾ける習慣を持つと良いと思います。

そうすることで、心が休まります。

また、遠くへ外出する時間のない人は、「波の音」「せせらぎ音」「風の音」など自然界が発する音をまとめたCDなどを購入してもいいでしょう。そのようなCDなどを購入し、携帯プレーヤーに入れておいて、ちょっと時間が空いたときに聴いてみる、という方法もあると思います。

また、お昼休みなどには、近くの公園などへ行って、風が木の枝を揺らす音を静かに聴いている時間を作ってもいいでしょう。

そのようにして「自然の音」に触れる習慣を持つことによって、安らかな気持ちで生活できるようになります。

いい音や音楽を聴いて気分転換することは、仕事への集中力を高める意味でも効果があります。

心を休める時間があってこそ、集中力が高まるのです。

コツ 「自然界が発する音」に耳を傾けるようにする

2章の ポイント

◎「一段落したら」「落ち着いたら」「ヒマになったら」ではいつまでも休めない

◎ 1時間を「50分がんばったら10分休憩」とするといい

◎「半眼」でも十分にリラックス効果がある

◎ 小さな安心を積み重ねると「大安心」になる

◎ 病気になる前に、休むことの大切さを知る人になる

◎ 感動はリラックス効果を高める

◎ 長い曲を全部聴かなくても、3分で効果がある

◎ 自然の音が聞こえる場所に身を置く習慣を持つ

3章

「なぜかイライラ……」が消えていく3分のコツ

01

机の上だけでもいいから掃除してみる

禅の言葉に「洗心《せんしん》」というものがあります。

「心を洗う」ということを表しています。

人の心というものは、日常生活の中で、とても汚れていきます。

「汚れ」とは、たとえば、欲求不満がたまっていくことです。

仕事でも人間関係でも物事が思うようにならず、イライラした気持ちがたまってくることです。

そんなイライラした気持ちをそのまま放置しておくことは、自分自身の人生にとって良いことではありません。

そのイライラした気持ちが、いつか爆発してしまって、とんでもない行動に出てしまうかもしれません。

あるいは、そのイライラした気持ちに自分自身が押しつぶされて、前向きに生きていく意欲を失ってしまうことにもなりかねません。

ですから、時々、「洗心」をするのがいいのです。

つまり、心からイライラした気持ちをきれいに洗い流す、ということです。

その方法としては、たとえば、「掃除《そうじ》」があります。

禅の修行では、掃除がとても重んじられています。

身の周りをきれいに掃除することで、心も清らかになっていく、という考え方が禅にはあるのです。

一般の人たちも、気持ちがイライラしてきたときには、わずかな時間を使って、身の周りを掃除してみると良いと思います。

机の上だけでもいいのです。

そうすることで、イライラした気持ちが消え、心が休まるのを感じられるでしょう。

コツ 「心が清らかになる」と念じながら、掃除をしてみる

02

親しい友人にグチやボヤキを聞いてもらう

生きていれば、もちろん楽しいことがたくさんあります。

しかし、楽しいことばかりではないのも事実です。

残念ながら、腹が立ったり、嫌な思いをさせられることも多いものです。

そのようなネガティブな感情を心の中にため込んでおくことは禁物です。

ネガティブな感情を心の中にため込んでおくと、それは心の中でますます大きくなっていく傾向があるからです。

怒りの感情は、手がつけられないほど大きくなってしまいます。

したがって、そのようなネガティブな感情は、できるだけ早く心の外へ吐《は》き出してしまうことが大切です。

その方法としては、たとえば、「信頼できる友人に話を聞いてもらう」というものがあります。

あまりに長くグチやボヤキを聞いてもらうのは、いくら仲のいい友人だからといっても、相手の迷惑になりかねませんから、時間を決めて話を聞いてもらうのです。

友人に「こんなことがあって、嫌になっちゃった」という話を聞いてもらうことで、心が休まります。

ネガティブな感情を外に吐き出すことができ、心がスッキリするのです。

もし話を聞いてもらう相手が身近にいないときは、**「日記の中でグチやボヤキを書き出す」**という方法もあります。

これなら、自分一人で手軽にできます。

書き出してネガティブな感情を吐き出すということでも、心が休まります。

コツ ネガティブな感情を心の中にため込まない

03

「もっともっと」ではなく「もうちょっと」で生きていく

もっともっと欲張りすぎずに生きていくことが、「心が休まる生き方」につながります。

言い換えれば、欲にとらわれて生きている人には、心が休まる暇《ひま》がありません。

どんなにたくさんの財産を手に入れても、どんなに高い地位を得られたとしても、それに満足することができません。心は満ち足りることなく、幸福感を実感できません。

「もっとお金がほしい。もっと権力がほしい」といつも考えていると、欲求不満の気持ちで生きていくことになります。

仏教に「少欲知足《しょうよくちそく》」という言葉があります。

「できるだけ欲を少なくして、満足する心を持って生きていく。それが人間にとって心安らかに、また幸せに生きていくコツになる」という意味の言葉です。

たとえば、今、月々の給料が30万円だったとします。

そうならば、まずは、その月収に満足し、その月収の中で幸せに生きていくことを考えることが大切です。

もちろん、向上心を持って収入を増やしていくことを望むことも大切です。

しかし、そこで「こんな月収ではやってられない」と不満を持たないことです。

「もっともっとお金がほしい」と欲張ったことを考えないことです。

健全な向上心は、不満や欲望からは生まれません。

まずは、今自分にあるものに満足する気持ちを持って、それを肯定的に受け入れることができてこそ、健全な向上心が生まれてくるのです。

まずは30万円の月収に満足することで、「もうちょっと月収を増やしたい」という健全な向上心が生まれます。

「もっともっと」と欲張るのではなく、「もうちょっと」という向上心を持って、休み休みのんびりと生きていくことが大切だということです。

コツ 健全な向上心は「満足する心」から生まれる

04「澄み切った大空」を思い描く

禅の言葉に、「廓然無聖《かくねんむしょう》」というものがあります。

「廓然《かくねん》」とは、「広々としていて、澄み切っている」という状態を表しています。

「無聖《むしょう》」は、「悟りに入った精神状態」を示しています。

つまり、「一切の雑念が取り払われて、心が広々としていて澄み切った状態にある。それが悟りの境地というものだ」ということを表しているのです。

もちろん禅では、そういう「広々としていて澄み切った精神状態」を得るためにさまざまな修行を積まなければならないのです。

しかし一方で、一般の人にもできる簡単な方法があります。

それは、「良く晴れて、広々としていて澄み切った大空を、心の中に思い描いてみること」です。

それだけでも、心から雑念が取り払われて、気持ちが安らいできます。

気持ちが楽になり、スッキリとしてきます。

たとえば、何か嫌なことがあってイライラした気持ちになっているとき、3分だけ気持ちを落ち着けて、大空を心の中に想像してみます。

そうすると、不思議にイライラした気持ちが消えていき、心が休まっていくのを実感できると思います。

日常生活の中では色々なことが起こります。

イライラすること、カッカすることなど、さまざまなことがあります。

そのように心が雑念にとらわれて乱れたときに、「広々としていて澄み切った大空を思い描く」ということを試してみるのです。

そのような習慣を持つことが「穏《おだ》やかな人生」へつながっていきます。

コツ イライラしたときは「晴れ渡った大空」を心に思い描く

05 わずかな時間でも自然に接して心を癒す

「自然セラピー」という言葉があります。

植物や樹木、あるいは、川や空といった「美しい自然」に接することは、心の癒しにとても良い効果があります。

したがって、日常生活の中に、自然と接する機会を増やすことによって、ストレスを軽減したり、心の健康増進をはかっていこう、というのが「自然セラピー」の考え方です。

特に、ストレスの多い多忙な生活を送っている人にとっては、この「自然セラピー」が、疲れた心を休めるためにとても効果的だと思います。

美しい自然のある場所へ行くことが理想ですが、それができなくても身近にいくらでも自然に接する方法があります。

- 花瓶《かびん》に活《い》けてある花を眺めてみる。

・鉢植えの花や、庭に咲いている花に水をあげる。
・窓から見える空を眺める。
・空を流れていく雲を見る。
・ちょっと庭へ出て、樹木の様子を眺める。
・飛んでいく鳥を眺める。

そのようにわずかな時間であっても、自然に接することによって心が休まります。

最近、テクノストレスという言葉を聞くようになりました。

携帯電話やパソコンの画面を長時間眺めていることが大きなストレスとなって、心身の健康に害を与えることを意味する言葉です。

そのようなテクノストレスを予防するためにも、わずかな時間、携帯電話やパソコンの画面から目を離して、美しい自然を眺めてみるのが良いと思います。

それが心身の健康につながります。

コツ 携帯電話やパソコンの画面から目を離して、自然を眺めてみる

06

「不満に思うもの」ではなく「満足するもの」へ意識を向ける

心理学に「代償《だいしょう》」という言葉があります。

たとえば、あることに強い欲求不満を感じているとします。

その欲求不満を和らげるために、また別のことに意識を切り替えるのです。

それが、簡単に言えば、「代償」です。

たとえば、会社で、やりたい仕事を任せてもらえないことに強い欲求不満を感じているとします。

しかし、文句を言ったからといって、やりたい仕事を任せてもらえるようになるわけではありません。

そんな現実に直面すると、気持ちがますますイライラしてきます。

しかし、一方で、やさしい家族に恵まれて、家庭ではそれなりに幸せに暮らしている場合があります。

そういうときには、意識の矛先《ほこさき》を「やりたい仕事を任せてもらえない」ということから、「やさしい家族に恵まれている」ということへ切り替えるのです。

そして、今よりもいっそう家族を大切にして暮らしていくのです。

そうすることによって、やりたい仕事を任せてもらえないことへの欲求不満も和らいでいきます。

そのような心理操作が「代償」なのです。

誰にでも「不満に思うこと」があります。

しかし、一方で、「満足に思うこと」もあるはずです。

少しの時間、「私が満足に思っているものは何だろう」と考え、それが見つかったら、その「満足に思うこと」に意識を切り替え、それを大切にしていくことを考えるのです。

それも「心を休ませる生き方」のコツの一つになると思います。

コツ 「満足に思うもの」を大切にしていく生き方を選ぶ

07

軽いストレッチで解消する

体の柔軟性を高め、肩凝《こ》りなどを解消するために、軽いストレッチはとても効果があります。

最近、このストレッチは精神面にもとても良い影響を与えることが知られてきています。

ストレッチをすることで自律神経の働きが良くなるからです。

自律神経の働きが良くなると、精神的にリラックスするのです。

そういう意味では、ストレス解消のためにもストレッチを習慣にするのが良いと思います。

たとえば、仕事がうまくいかずにイライラしているときに、その場で立ち上がって軽いストレッチをしてみるのです。

10分程度の時間でもいいでしょう。

手を上へ上げて背伸びをします。

手を腰に当てて、腰を回します。

首や、手首を回したりします。

そんな軽いストレッチをするだけで心が安らぎ、いい気分転換になるのです。

体のためにも良く、またストレス解消法にもなるのですから、ストレッチほど手軽に、また短時間でできる健康法はないように思います。

したがって、イライラした気持ちを感じるときにストレッチをするといいでしょう。

また、時間を取れる人は、イライラした日の夜に、長めのヨガやストレッチをすると効果があります。

そういう習慣を持つことによって、肉体的にも精神的にもストレスに強くなっていくと思います。

コツ 毎日同じ時間帯にストレッチ体操をする習慣を持つ

08

手を温めれば心が休まる

一日の疲れを入浴によって取る、という人も多いと思います。

確かに、お風呂に入ると身体的な疲れも取れますし、また、精神的なストレスも解消されます。

最近の研究でも、「体を温める」ということが、心を癒し休めるためにとても効果があることがわかってきています。

もちろん、お風呂の場合、体全体を温めます。

一方、手だけを温めるだけでも、心の癒し効果があることもわかってきました。

手を温めると、体全体の血行が良くなります。

そして、血行が良くなると副交感神経の働きが良くなり、それが精神的な安らぎにつながっていくのです。

この「手を温める」ということは、仕事中であっても手軽にできるリラクセーション法になります。

たとえば、トイレへ行って、温水を手に当てて温めるという方法もあります。

温かい飲み物の入った容器を両手で持つだけでも、手のひらが温かくなっていきます。

手をこすりあわせる方法もあります。

冬であれば、ストーブなどの暖房器具に手を近づける、という方法もあります。

そのようにして手を温めることによって、ホッと心が安らぐのです。

仕事や人間関係でイライラしているときには、リラクセーション法として「手を温める」ということを習慣にするのも良いと思います。

この方法であれば、3分間実践するだけで、十分に心が休まります。

こういう習慣を持っていれば、ネガティブな感情に振り回されることなく、落ち着いた気持ちで生きていけるようになると思います。

コツ イライラしたときは、手を温めてみる

09 生産性がアップする昼寝の習慣

「昼寝」は、心身にさまざまないい効果を与えることが知られています。
たとえば次のような効果です。

- 午前中の疲労が解消する。
- 午後の仕事への集中力が高まる。
- 心臓病のリスクが低くなる。
- ストレス解消になる。頭がスッキリする。

眠る時間の長さは、だいたい15～20分程度がもっとも効果的だと言われています。
それ以上眠ると、起きてからも頭がボンヤリしてしまって、午後の仕事への集中力が弱まってしまうからです。ですから適度に昼寝を取る、眠りすぎない、ということが大切になってきます。

ただし、サラリーマンにとっては15～20分程度の時間であっても、難しいかもしれません。

そういう人は完全に眠ってしまわなくても、3分間静かに目を閉じているだけでも、かなりの効果が期待できると言われています。

したがって、ランチの後、椅子に座りながら、静かに目を閉じている、ということだけであってもいいのです。そういう習慣が、仕事の生産性をアップさせることに大きく役立ちます。

コツ ランチの後、静かに目を閉じる時間を作る

10 すぐれた判断力や行動力を支える仮眠の効果

ナポレオンはよく仮眠をしたといいます。

当時、外国へ遠征する場合、その移動手段は馬でした。馬上でわずかな時間仮眠を取ることがよくあったと言います。

わずかな時間であっても仮眠を取ることで、心身の疲れが取れ、気持ちがリフレッシュしたというのです。気持ちをリフレッシュすることは、的確な判断をし、積極的な行動力を発揮するためにとても役立つのです。

アメリカの発明王として有名なエジソンも、日中に仮眠を取ることがよくあったと言います。仕事中に強い疲労感に襲われたときには、仕事机の椅子に座りながら仮眠を取っていたというのです。

わずかな時間であっても仮眠を取ることで、頭と心がリフレッシュして、再び研究に没頭できるようになるのです。

そういう意味では、心を休めたり、気分をリフレッシュしたり、あるいは疲労感を取るために、わずかな時間仮眠することは、とても有効な手段だと思います。

ナポレオンは馬の上で仮眠したと言いますが、現代人は、たとえば電車の座席に座れたときには、そこで少しの時間仮眠を取ってもいいでしょう。

また、仕事中に強い疲れを感じたときには、椅子に座ったまま少しの時間目をつぶっていてもいいかもしれません。

強い疲労感を引きずったまま仕事を続けるよりも、少しの時間仮眠を取ってリフレッシュする方が、トータルで考えれば効率も生産性もアップすると思います。

そういう意味で、少しの時間、生活の中にうまく仮眠を取り入れる習慣を持つことが大事です。

コツ 強い疲労感を感じたときは、仮眠を取ってリフレッシュする

3章のポイント

◎身の周りを整えると心も整う。机の上だけでも効果がある

◎グチを日記で書き出すと心が休まる

◎不満から健全な向上心は生まれない

◎自然に接する時間を意識してとりテクノストレスをやわらげる

◎「代償」という心理を活用して不満をやわらげる

◎ストレッチはメンタルにも大きな効果がある

◎手を温めると血行が良くなる

◎昼寝は15〜20分がもっとも効果が大きい。3分でも効果はある

4章

「落ち着かない」「気が急《せ》く」がやわらぐ3分のコツ

01

気が急くときほどゆっくり話す

気持ちが焦ったり、苛立《いらだ》ったりしているときは、自分では意識しないうちに「早口」になっているものです。

まくし立てるような話し方になる人もいます。

しかし、早口になっていけばいくほど、精神的な焦りや苛立ちもいっそうエスカレートしていってしまうのです。

そのために、焦る→早口になる→いっそう苛立つ→さらに早口になる→ますます焦る、という悪循環にはまっていきます。

このような悪循環を断ち切るには、焦ったり苛立っているときほど、「ゆっくり話す」ということが大切になります。

自分で自分に「これから、ゆっくり話すように心がけよう」と言い聞かせてみるのです。

「ゆっくり話す」ということは、「ゆっくり呼吸する」ということにつながります。
ゆっくりと声を出すことは「ゆっくりと息を吐き出す」ということにつながります。
また、ゆっくりと声を出すよう心がけていくにつれて、自然と、その分ゆっくりと深く息を吸い込むようになります。

最近の研究では、「ゆっくり呼吸する」ということには、自律神経の働きを良くする効果があることが知られています。

そして、自律神経の働きが良くなると、それにしたがって気持ちが穏やかになっていくのです。

その結果、焦りや苛立ちから解放されて、落ち着いた気持ちでものを考え、また対処できるようになっていくのです。

話すスピードをゆるめることで、心が休まるのです。

コツ 「ゆっくり話す」と自分に言い聞かせる

02

ゆっくり息を吸い、ゆっくり吐き出す

禅の言葉に、**「調息《ちょうそく》」**というものがあります。

この言葉にある「調」には、「整える。穏《おだ》やかにする」といった意味があります。

つまり、「調息」とは、「呼吸を整える。息を穏やかにする」という意味があるのです。

禅では、「呼吸」をとても重んじます。

息の状態と心の状態は連結している、と考えるからです。

たとえば、イライラしていたり、思い悩んでいるときには、無意識のうちに呼吸が乱れているものなのです。

逆の言い方をすれば、**乱れた呼吸を整えることによって、自然と精神的なイライラや思い悩みも消え去っていくのです。**

そして、心が休まっていくのです。

つまり、「調息」とは、「呼吸を整えることによって、精神的に穏やかになっていく」ということなのです。

「呼吸を整える」ということについて、もう少し具体的に言えば、腹式呼吸をすることです。

ゆっくりと息を吸い、ゆっくりと吐き出すように心がける、ということです。

「私は今、動揺しているな」と感じたときは、わずかな時間でかまいませんので、この「ゆっくり息を吸い、ゆっくり吐き出す」ということを実践してみるのがいいと思います。

それだけで、気持ちが落ち着いてきます。

特に、慌ただしい生活を送り、ストレス過剰になっている人は、このわずかな時間の「調息」を日常生活の中で実践していくといいでしょう。

コツ イライラを感じたら、ゆっくりと呼吸をしてみる

03 すぐ動かず、考えてから行動する

「急《せ》いては事を仕損《しそん》ずる」ということわざがあります。

「早く成果がほしい」「早く窮地《きゅうち》を脱したい」という気持ちから、焦って物事を進めようとすると、冷静な判断ができなくなりがちです。

そのために誤った行動を取ってしまい、かえって状況をいっそう悪化させてしまう場合もあるのです。

したがって、そういうケースでは、気持ちを落ち着けて物事に対処する方が賢明です。

しかし、そうは言っても、「そんな悠長《ゆうちょう》なことはいっていられない。早く何とかしなければ、とんでもないことになる」と言う人もいるかもしれません。

そういう人は、気持ちを冷静にする時間を持つように心がけることが必要です。

気持ちを落ち着け、今自分が置かれている状況について冷静に考えてみるのです。

そして、今やっている方法で本当にうまくいくのか考えてみます。

さらに、もっと良い方法がないか検討してみます。

3分でも5分でも、少しの時間でいいのです。

慌てて行動に出るのではなく、少し立ち止まって、広い視野に立って物事を考えてみるようにするのです。

そんな習慣を普段から持っておく方が、大きな間違いを犯すことなく仕事や人生を進めていくことができるのではないでしょうか。

いつまでも立ち止まっている必要はありません。

ちょっとの時間、冷静になって考え、そしてまた前へ向かって走り出せばいいのです。

「焦って行動する」のではなく、「少し考えて行動する」という習慣を身につけるのが大切だと思います。

コツ ちょっとだけ立ち止まって考えてみる

04 アイディアにつまったら〝ボーッとする時間〟を作る

上司や取引先から、「何かいいアイディアはありませんか」と要求されることがあります。

一生懸命になって頭をひねるのですが、なかなかいいアイディアが思い浮かびません。

当然、気持ちが焦ってきます。

早くいいアイディアを思いつかないと、上司から「ダメな人だ」というレッテルを貼られてしまうかもしれません。

取引先からも、「あの人には大事なことを任せられない」と信用を失ってしまうことになるかもしれないのです。

しかし、焦れば焦るほど、気持ちが乱れて集中できなくなってしまうのです。

こういうときに、いっそのこと、アイディアについて考えることをやめ、何も考えずに

コツ
あえてボーッとしてみる

「あえてボーッとしてみる」という方法があります。


次のような話を聞いたことがあります。

ある作家は、アイディアに詰まったときは、トイレに行く習慣があるそうです。トイレの中で、あえてボーッとしているのです。

すると、パッといいアイディアが思いつくことがあると言います。

「あえてボーッとする」ということには、精神をリラックスさせる効果があると思います。

汗水流して一生懸命に「いいアイディアはないか」と頭をひねるよりも、むしろリラックスしている方が、いいアイディアが思い浮かんでくるものだと思います。

そういう意味では、トイレにこだわることはありません。

あえてボーッと空を眺めている、というのでもいいでしょう。

いいアイディアは「ボーッとする」ところから生まれてくることも多いのです。

05 自分の足元を見つめる

気持ちが焦ると、人は往々にして、気持ちだけが先走ってしまって、今自分が何をすればいいかわからなくなってしまうものです。

たとえば、予想外のトラブルに見舞われたとします。

そんなときには、「早く解決しなければならない」と焦ります。

しかし、焦れば焦るほど頭が混乱してしまって、トラブルを解決するために何をすればいいかということが分からなくなってしまうのです。

そんなときには、わずかな時間、気持ちを落ち着けて物事を考える必要があります。

焦る気持ちを休めて、気持ちを落ち着けて物事を考えてこそ、いい解決策が見つかるものです。

禅の言葉に、「脚下照顧《きゃっかしょうこ》」というものがあります。

「脚下」とは、「足元《あしもと》」という意味です。

「照顧」とは、「よく見る」ということです。

つまり、「自分の足元をよく見る」ということを意味しているのです。

この禅語は、言い換えれば、「乱れた心を落ち着けて、冷静な気持ちになって、今自分がやるべきことをよく見ることが大切だ」ということを指摘しているのです。

気持ちが焦ったり、心が動揺しているときは、「自分の足元」、つまり「今自分がやるべきこと」がよく見えなくなってしまいがちです。

したがって、そんなときこそ気持ちを落ち着けて、今自分がやるべきことは何なのかを考えてみることが大事です。

この禅語もやはり、「わずかな時間、気持ちを落ち着けて物事を考えてみる」ということの大切さを指摘しているのです。

コツ 焦りを感じたときは、わずかな時間、冷静になってみる

06

禅語「且緩々《しゃかんかん》」が教える「焦らずゆっくり」の意味

禅の言葉に、「且緩々《しゃかんかん》」というものがあります。

昔、一人の禅の修行者がいました。

彼は、なかなか悟りが得られず焦っていました。

彼は師匠のところへ行って、

「どうすれば悟りを得られるのですか」と早口で問いかけました。

師匠は、弟子の先を急いで焦っている様子を見て、

「まあまあ、ゆっくりゆっくりと」と言いました。

そういうエピソードから、「且緩々」という禅語が生まれました。

この禅語にある「且《しゃ》」には、「まあまあ」という意味があります。

感情的になっている人を、「まあまあ」となだめるときの言葉です。

「緩々《かんかん》」の「緩」には「緩《ゆる》やか」という読み方もあります。

この「緩」を二文字並べて、「ゆるやかに、ゆるやかに」「ゆっくり、ゆっくり」といった意味になります。

つまり、この禅語は、「まあまあ、そんなに焦らずに、ゆっくりゆっくり」と指摘しているのです。

言い換えれば、先を急いで焦ったりすれば、悟りは得られない、ということです。

仏教で言う「悟り」ばかりではないと思います。

一般の人が抱く「願望」にしても同じではないでしょうか。

やはり「早く願望を叶えたい」と焦ってしまったら、かえってその願望から遠ざかってしまうのです。

したがって、ゆっくりゆっくり、休み休みしながら精進していくのが良いのです。

コツ 気持ちが焦ったときには、「且緩々」と自分に言ってみる

07

自然の流れに逆らわない

禅の言葉に、「晴耕雨読《せいこううどく》」というものがあります。

一般的にもよく使われる言葉です。

「晴れた日には田畑を耕し、雨の日には家で読書をする」という意味です。

そこから、「都会のわずらわしさを離れて、のどかな田園で畑仕事や読書をしながら心穏《おだ》やかに暮らす」といった意味にもなります。

しかし、禅語で言う「晴耕雨読」には異なった意味があります。

それは、一口に要約すれば、「自然に逆らわない」ということです。

雨が降っているときに、畑を耕《たがや》すのは大変です。

泥だらけになりますし、雨に濡れて寒い思いをしなければならなくなります。

風邪《かぜ》をひいてしまうことにもなりかねません。

そんなことになるくらいなら、自然に逆らうようなことはせずに、雨の日には家で読書するのが賢明だ、と指摘しているのです。

たとえば、人生には、うまくいくときもあれば、何をやってもうまくいかないときもあります。

何をやってもうまくいかないときには、そこから早く抜け出したいと思って、焦って特別なことをしなくてもいいのです。

そんなことをすれば、手痛いしっぺ返しを食らってしまうことにもなりかねません。

ですから、そんな運勢の流れに逆らうことなく、悪い状況も受け入れながら、その中で自然体で生きていく方が賢明です。

それも「晴耕雨読」、つまり「自然に逆らわない生き方」になるのです。

何をやってもうまくいかないとき、心を休ませる意味で、少しの時間、この「晴耕雨読」という禅語を思い出しても良いでしょう。

コツ

何をやってもうまくいかない状況に逆らわない

08

「うまくいかない」はずっと続くわけではない

仕事や人生がうまくいかなくなると、人は往々にして、「この状況から早く抜け出したい」と焦ってしまいます。そして、先を急いで、慌てたことをして、ますます状況を悪化させてしまうことがよくあります。

ここで大切なことは、「悪い状況はいつまでも続かない」ということをよく知っておくことです。

やるべきことをやって、たんたんといつも通りにしていれば、やがて「悪いとき」は終わります。

そして、また、仕事も人生もうまくいく「良いとき」がやってくるのです。

ですから、焦らないことが大切です。

そして、気持ちを落ち着ける時間を持つようにするのです。

仏教の言葉に、**「諸行無常《しょぎょうむじょう》」**という大切な教えがあります。

これには、「人間は永遠に生きていくことはない」という意味もありますが、もっと広く解釈すると、「人間の行いや営みのすべてのことには、永遠に続くというものはない」という意味を表しているのです。

たとえば、「悪いとき」も永遠には続かないのです。

「何をやっても、うまくいかない」という状態も永遠には続きません。

そのような状態も、いつか終わるときがやってくるのです。

したがって、焦ったりせず、気持ちを落ち着けて生きていくことが大切です。

気持ちが焦って、苛立ってきてしょうがない、というときには、少しの時間、この「諸行無常」という言葉を思い出せば、気持ちが落ち着くでしょう。

コツ 「やがて良いときがくる」と知っておく

09

「うまくいかないとき」を楽しむこともできる

禅の言葉に、

「春は花　夏ほととぎす　秋は月　冬雪さえて冷《すず》しかりけり」

というものがあります。曹洞宗の開祖である道元《どうげん》の言葉です。

「春は、美しい花が咲くから、心楽しい。夏は、ホトトギスのきれいな鳴き声を聞けるから、良い季節だ。秋は美しい月を見られるから、すばらしい。冬は雪が降り寒いが、精神が引き締まるから、かえって良い」という意味です。

つまり、季節には、その季節季節の良いことがある、ということです。

この言葉で、道元は、「人生も同じだ」と言っているのです。

人生には、良きときがあれば、悪いときもあります。良いときには、仕事がうまくいきトントン拍子《びょうし》で昇進していきます。

しかし、悪いときには、仕事がうまくいかずに、出世コースからはずされて左遷《させん》させられるかもしれません。

しかし、左遷させられることがあったとしても、「それはそれで良い」と考えるのです。時間に余裕ができ、家族と団らんする時間が増えるかもしれません。

地方では、たくさんの郷土料理が食べられる、その地の観光ができる、と考えることもできます。

したがって、人生の「悪いとき」を嘆くことはないのです。そこから早く抜け出したいと焦ることもありません。

その「悪いとき」を楽しむことも十分に可能なのです。

そんな「悪いとき」にポジティブな一面を探す気持ちを持つことが大事です。

コツ 「悪いとき」のポジティブな一面を探す

4章のポイント

◎ 話すスピードをゆるめるとリラックスできる

◎ 落ち着かない感じがしたら呼吸を整える

◎「すぐ動く」前に、広い視野で考えてみる

◎ いい考えが浮かばないとき、あえてボーッとしてみる

◎「今、やるべきことは何か」を見失わないようにする

◎ 効率を追求しすぎると逆効果になることもあると知っておく

◎ 流れに身を委ねるのもひとつの智恵である

◎「うまくいかない時期」は、いつか必ず終わる

◎「流れが良くないとき」にしかできないこともある

5章

心配や不安が軽くなる3分のコツ

01

お茶を飲む時間に心配ごとや不安を持ち込まない

何か心配ごとや不安に思うことがあって、精神的に落ち込んでしまっているとき、「ちょっと気分転換に、お茶でも飲もう」と考える人も多いと思います。

確かに、お茶を飲むことは、いい気分転換になります。

そして、気分を一新して、「がんばっていこう」と前向きに考えることができるようにもなります。

ただし、お茶を飲むとき、大切になってくるコツがあります。

禅の言葉に、「茶に逢《お》うては、茶を喫《きっ》す」というものがあります。

「茶に逢うては」とは、「お茶を飲むときは」という意味です。

「茶を喫す」とは、「お茶を飲む」ということです。

つまり、「お茶を飲むときには、お茶を飲む」ということを述べているのです。

当たり前のことを言っているように思われるかもしれませんが、ここには禅の深い教えがあります。

つまり、それは、「お茶を飲むときには、お茶を飲むことだけに集中することが大事だ」ということを指摘しているのです。

言い換えれば、「お茶を飲みながら、余計なことを考えてはいけない」ということです。

たとえば、お茶を飲みながら、心配ごとを思い出したり、不安に思っていることについてあれこれ考える。

そんなことをすれば、お茶を飲むことが良い気分転換にならないのです。

ですから、お茶を飲むときは、そのわずかな時間だけは、心配ごとや不安に思うことを忘れ去って、お茶を楽しむことだけに専念するのです。

そうしてこそ、お茶を飲むことによって心が休まり、いい気分転換にもつながっていくのです。

コツ お茶を飲むときには、お茶を楽しむことだけに集中する

02

深いリラックスに導く「自律訓練法」のポイント

リラクセーション法の一つに、「自律訓練法」というものがあります。

たとえば、疲れを感じて、わずかな時間、少し休もうと思ったとします。

その際に、次のような方法を取ります。

まず、気持ちを鎮《しず》めます。

目を閉じてもかまいません。

そして、自分の呼吸に意識を集中させます。

そうすることで、余計なことを考えず無心になることができます。

そうしながら、「私はリラックスしている。安らいでいる」と自分に言い聞かせます。

小さな声でそのように言い聞かせてもいいですし、心の中でつぶやくのでもかまいません。

このように無心の状態で、気持ちを鎮めながら「私はリラックスしている」と自分に言い聞かせることで、いっそう深く心身が休まるのです。

しかも、短い時間で、深く心が休まります。

したがって、ちょっと時間が空いたときなどに、この「自律訓練法」を試してもいいと思います。

また、たとえば、休憩のときにお茶を飲んでいるような場合に、「このお茶を飲んでいると、心が温まる。心が休まる。とてもいい気持ちになる」と自分に言い聞かせる、という方法もあります。

これも、心の中でつぶやくだけでもかまいませんし、あるいは、一緒にいる人に、「美味しいお茶を飲んでいると、心が休まるね」と語りかけるのでもいいでしょう。

そうすることで、お茶を飲むことのリラックス効果がいっそう高まっていくのです。

コツ 暗示の言葉が、心をいっそう深く休ませてくれる

03

「筋弛緩法《きんしかん》」で体がリラックスする

アメリカの精神生理学者であるエドモンド・ジェイコブソン（19〜20世紀）は、「不安な心は、リラックスした体に宿ることはできない」と述べました。

逆説的な言い方ですが、言い換えれば、**「体をリラックスさせることで、不安な気持ちを解消することができる」**ということです。

たとえば、初めて大勢の人の前で話をするという状況に立たされたとします。

そういうときには、多くの人が、「失敗して恥をかいたら、どうしよう」という不安感に襲われるでしょう。

そういう不安感を消し去る方法として、「体をリラックスさせる」ということが有効なのです。

その体をリラックスさせるための具体的な方法として、「筋弛緩法《きんしかんほう》」があります。

やり方を説明します。

まず、握りこぶしを作って、体全体に力を入れます。

腕の筋肉、太ももの筋肉など、体全体の筋肉に力を入れます。

顔の筋肉も、目をつぶり、口をすぼめて力を入れます。

そして、次の瞬間に、フーと体全体の力をゆるめます。

このように体全体に力を入れたり、力をゆるめたりするということを何度か繰り返します。
二、三回、これを繰り返すだけでも、体全体が非常にリラックスしてくるのです。
そして、心も不安や緊張から解放されて休まっていくのです。

大事な場面に立たされて強い不安や緊張を感じたときに試してみるといいと思います。

コツ 体をリラックスさせると心もほぐれる

04

心配ごとの大半は「思い過ごし」

「これから先のことが心配だ」と言う人がいます。

確かに、心配に思う原因があるのでしょう。

たとえば、上司からきつく叱られます。

そういう経験をすれば、人の中には、

「上司から嫌われてしまったかもしれない。これから私は、この会社で活躍の場を与えてもらうことができるだろうか？　心配でしょうがない」

「こんなつまらないミスをして、私は社内で信用を失ってしまった。もう誰も私のことを相手にしてくれなくなるだろう」

といった心配に心を奪われてしまう人も出てくるかもしれません。

しかし、そのような心配の大半は「思い過ごし」にすぎないのです。

実際には、一つのミスで上司から嫌われてしまうことはないでしょう。

叱られたことでめげずに、がんばって名誉挽回の活躍を見せれば、上司からの評価が以前よりも増して高まります。

一つのミスだけで、社内の信用を失ってしまうこともありません。ミスなど、誰でもするものだからです。

そんなミスにへこたれることなくがんばっている姿を見せれば、周りの人たちからも「あの人は、たいしたものだ」と評価されることになるでしょう。

マイナスの出来事を経験すると、人は往々にして、これから先のことをあれこれ心配してしまいがちです。

しかし、そんな心配は「思い過ごし」だと気づいて、余計なことに悩まされることなく、自分がやるべきことに集中することが大切です。

それが名誉挙回につながるのです。

コツ 余計な心配ごとは捨て去って、やるべきことを進めていく

05 ポジティブなイメージを誘導する

「もし、失敗したら〜」

「もし、うまくいかなかったら〜」

「もし、ミスをしてしまったら〜」

このようなネガティブなイメージを持ってしまうことが、心配の種を増やす原因になります。

悪いイメージを持ってしまうから、底なし沼にはまってしまうように、どんどん不安な気持ちになっていくのです。

とは言いながら、人は、ともすると、このようなネガティブなイメージを持ってしまいがちなのです。

そこで、自分で意識して「ポジティブなイメージ」を持つように心がけていくことが大切になります。

リラクセーション法では、それを「誘導イメージ法」と呼んでいます。

たとえば、

「うまくいったら、社内で私の評価が上がるだろう。上司も私をほめてくれるだろう」

「成功したら、家族も喜んでくれるに違いない」

「これを乗り越えられたら、大きな自信になる」

と考えます。

そして、「ほめられている自分」「喜んでいる家族の顔」「自信をつかんだ自分自身の姿」を心の中でイメージしてみるのです。

3分間、そんなポジティブなイメージを心の中で思い描いているだけで、心配や不安を打ち消すことができます。

その結果、心が元気になって、やる気が出てくるのです。

コツ　ネガティブなイメージにはまり込まない

06

いつも「失敗してはいけない！」と思っていると……

多くの人たちが「うまくやっていきたい」「成功したい」と願っていると思います。

もちろん、成功を願うことは良いことです。

それが、がんばることへの意欲を生み出してくれるからです。

しかし、あまり強く成功することに執着してしまうと、かえって逆効果になる場合もあります。

成功に執着すると、その逆作用として、「失敗することへの怖れ」が強まってきてしまうからです。

「成功したい。でも、もし失敗したらどうしよう。みんなからバカにされることになる。恥をかくことになる。そうなったら、もう私は終わりだ」などと、マイナスに働く感情の方がドンドン強まっていくことになりやすいのです。

そういう意味では、あまり強く成功することに執着しない方が良いのです。

禅の言葉に、「両忘《りょうぼう》」というものがあります。

「両極端な考え方を捨てる」という意味を表す言葉です。

たとえば、ここで言えば、「どうしても成功したい」と強く執着することも、「極端な考え方」の一つです。

このような極端な考え方を持つと、もう一方で、「失敗したら、私は終わりだ」という極端なマイナス思考に陥っていってしまうのです。

したがって、**まずは成功への強い執着心を、捨ててみます。**

成功を望みながらも、心のどこかで「一生懸命やって成功できなかったら、それはそれでしょうがない。また再チャレンジすればいい」と余裕を持った考え方をしてみます。

そうすることで、「失敗したら〜」という極端なマイナス思考も消え去ります。そうなれば、両極端な考え方にとらわれずに、今よりももっと楽な気持ちで生きていけます。

コツ 成功を望みながら、心に余裕を持って生きる

07

白雲自在……「ありのままの姿で生きていく」とは

空に浮かんでいる雲を眺めていると、ホッと心が休まるものです。

そのとき、思い浮かべてほしい禅語があるのです。

それは、「白雲自在《はくうんじざい》」というものです。

雲は、上空で吹く風に身を任せて、流れていきます。

また、風に身を任せて、姿を変えていきます。

すべてが風任せです。

心配ごとも、不安に思うことも、思い悩むこともありません。

この禅語は、「人間も雲のように『時の流れ』『運命の流れ』に身を任せて生きていけばいい」と言っているのです。

そういう生き方を心配することはないのです。

「この先、私はどうなってしまうのだろう」と不安に思うこともありません。

むしろ、そういう「白雲」のような生き方こそ「心の安心」につながると、この禅語は指摘しているのです。

一方で、この「白雲自在」の自在は、「自《おの》ずから在《あ》る」とも読みます。これは、言い換えれば、「ありのままの姿でいる」という意味です。

すなわち、人間も「白雲」のように心配も不安も持たずに風に身を任せる生き方をしてこそ、「ありのままの姿でいられる」ということです。

自然体で、無理することなく、また、自分らしく生きていける、ということになります。「自然体でいる」「自分らしくいる」ということも、やはり、「心の安心」につながっていくのです。

雲を眺めながら、ちょっとの時間、この「白雲自在」という禅語を思い出せば、いっそう心が休まると思います。

コツ

「風任せの生き方」でもいい

08

明るく笑い合える人とすごす時間を増やす

禅の言葉に、「相見《あいみ》て呵々《かか》笑う」というものがあります。

「呵々」とは、「明るい声、大きな声」を意味する言葉です。

つまり、この禅語は、「仕事仲間や、あるいは家族や友人といった、日頃共に働いたり暮らしている相手と顔を見つめ合って、明るい大きな声で笑う」ということを表していま す。


たとえば、心配ごとがあったとします。

また、不安に思うことがあったとします。

そんなとき、人は往々にして、一人で問題を抱え込んだまま思い悩んでしまいがちです。

しかし、それは、ますます悩みを深くしてしまうことにつながりやすいのです。

その結果、生きる意欲を失ってしまうことにもなりかねません。

したがって、そのようなときは、身近にいる人たちと冗談でも言い合って、「明るく笑う」方がいいのです。

少しの時間、明るく、楽しく、声を出して笑い合うのです。

そうすると、気持ちも明るくなります。

心が楽になって、「クヨクヨせずに、がんばろう」と、前向きな気持ちにもなってくるのです。

また一緒に笑い合う相手を見ながら、「私には、こんなにいい仕事仲間がいる。すばらしい家族がいる。とても良い友人がいる。この人たちが一緒にいてくれれば、私は大丈夫だ。がんばっていける」という勇気も湧《わ》いてくるのです。

「一緒に笑う」ということには、自分自身の心を癒し、周りの人たちへの信頼感を強める効果もあるのです。

思い悩んだときこそ、一緒に笑い合うことが大切です。

コツ 友人や家族と、冗談を言い合って、みんなで笑う

09

無心になって集中する

禅の言葉に**「莫妄想《まくもうそう》」**というものがあります。

「莫」には、「莫《なか》れ」という読み方もあります。

これには、「〜してはいけない」という意味があります。つまり、「妄想してはいけない」ということです。

それでは、この「妄想」とは何でしょうか。

この「妄想」には、たとえば、「これから先のことを心配する」ということがあります。

実際には起こっていないこと、また起こる可能性も少ないことについて、「そういう事態になったら、どうしよう」と、あれこれ心配することです。

現実ではないことに心を振り回されているのですから、これは「妄想」にすぎない、と言えるのです。

そういう意味から言えば、「莫妄想」は、「これから先のことを心配してはいけない」という意味として理解できるのです。

心配ごとは心を惑わします。しかし惑わされていても、良い未来はやっては来ません。では、どうすればいいかと言えば、「無心になって今やるべきことに集中することが大事だ」というのが禅の考え方です。

無心になって何かを集中して行うことで、心配ごとから離れられます。心が惑わされなくなり、かえって心が休まってくるのです。

無心とは、余計なことは考えずに、手足を動かして何かを実践する、ということです。

あるいは、一つのことに気持ちを集中させることです。

そうやって、「無心」の状態になったとき、心が安らぎに満ちてきます。

そうやって実践し集中することで、良い未来が開けてきます。

コツ 無心で何かをしているうちに心が休まっていく

10

心配ごとを消すために何かに集中してみる

一般の人たちを対象にして、「写経《しゃきょう》」「写仏《しゃぶつ》」を行っている寺があります。

「写経」とは、たとえば、般若心経《はんにゃしんぎょう》の文字を一つ一つ毛筆や鉛筆で書き写していくことです。

「写仏」は、仏様の姿を、やはり毛筆や鉛筆で描き写していくことです。

いずれにしても、下文字、下絵があるので、それをなぞっていくだけです。誰にでもできる簡単な作業です。

ただし、「写経」「写仏」の会に参加している人に聞くと、「とても心が安らいだ」という人が多いようです。「写経」「写仏」を通じて仏教というものに触れ、そして心が安らいだ、という面もあるのでしょう。

また、別の見方をすれば、「何かの作業に一心に集中する」ということに、心を休める効果があるようにも思います。

そういう意味では、必ずしも「写経」「写仏」にこだわる必要はありません。

たとえば、わずかな時間、脳トレーニングでよくやるような単純な計算や漢字の書き取りに集中してもいいのです。

新聞の記事を、わずかな時間集中して、ただ声に出して読み上げる、という方法もあると思います。

鏡の面《おもて》を、わずかな時間、一心に集中して磨《みが》く、ということでもいいでしょう。


何か心配ごとがあるときなどは、その心配ごとから少し頭を切り離して、集中してそのような単純作業をすることで心が安らぐ効果があります。

コツ 心を休めるために、脳トレーニングの計算などをしてみる

5章のポイント

◎お茶を飲むときは、余計なことを考えない

◎すきま時間に「自律訓練法」をやってみる

◎「筋弛緩法」で体をリラックスさせる

◎心配ごとのほとんどは思い過ごし。振り回されないようにする

◎両極端な考え方を捨てる

◎「白雲自在」という禅語を思い浮かべる

◎明るく声を出して笑い合える人や時間を大切にする

◎雑念のない「無心になっている時間」に、心に安らぎが満ちてくる

6章

〝折れない心〟が育つ3分のコツ

01 成功体験を思い返す

心理学に「レジリエンス」という言葉があります。

落ち込んでいる状態から「立ち直る精神的な力」のことです。

この「立ち直る精神的な力」、つまりレジリエンスが強い人ほど、少々のことではへこたれずに人生を逞《たくま》しく生きていけます。

このレジリエンスを身につけ発揮するための方法として次のようなものがあります。

それは、「過去の成功体験を思い返す」ということです。


たとえば、仕事で失敗したとします。

もちろん、上司から文句を言われます。

そして、自分のふがいなさに落ち込んでしまいます。

そんなときに、過去、いい仕事をして上司からほめられたり、取引先から感謝されたときの経験を思い出してみるのです。

お客さんから「ありがとう」と言われ、自分自身でも自分の仕事に満足したときのことを思い出してみるのです。

少しの時間だけでいいのです。

過去の成功体験を思い出していると、だんだん自信がよみがえってきます。

「こんな失敗で、いつまでも落ち込んでいる私ではない。私は実は能力のある人間なんだ」と気持ちが強くなってくるのです。

そして、実際に、再び立ち直って、力強く前へ進んで行くことができます。

すなわち、落ち込むことがあったときには、過去の成功体験を思い出してみる、という習慣を持つことで、レジリエンスが強まっていくのです。

コツ 立ち直る精神的な力が強い人ほど、たくましく生きていける

02

「心の支えになってくれている人」を思い出す

落ち込んでしまったとき、自分の「心の支えになっている人」のことを考えるだけで、ホッと一安心した気持ちになれます。

心が休まり、再び元気を取り戻すことができるのです。

たとえば、仕事で失敗して落ち込んだとします。

そのようなときに、「心の支えになってくれている人」のことを考えてみるのです。

それは、たとえば恋人であるかもしれません。

また、妻や夫である場合もあるでしょう。

自分の子供だという人もいると思います。

また、友人や恩師である人もいると思います。

そのような「心の支えになってくれている人」のことを考えてみます。

その人が明るく笑っている顔を思い出します。

そして、「私が今落ち込んでいることを知ったら、あの人はどんな言葉で私を励ましてくれるだろう」と想像してみます。

また、「今度の休日には、あの人とどこかへ遊びに行こう」ということを考えてもいいと思います。

そんなイメージをふくらませているだけでも、自分自身の心がみるみるうちに元気になっていくのです。

「こんなことで落ち込んでなんかいられない。私の大切なあの人のために、がんばろう」という前向きな気持ちになってきます。

人は、自分一人だけではがんばっていけません。

心の支えになってくれる人がいてこそ、落ち込んでもすぐに立ち直ってがんばっていけるのです。

コツ 恋人や、家族や、友人や、恩師のことを考えてみる

03

一日一回以上、「自分をほめる」を習慣にする

落ち込みやすい人、いったん落ち込むとなかなか立ち直れない人の特徴に、「自罰傾向《じばつけいこう》が強い」ということが挙げられます。

「自罰傾向」とは心理学用語の一つですが、わかりやすく言えば、「自分はダメなんだ」「自分が悪いんだ」と自分を責める心理傾向のことを意味します。

たとえば、何かうまくいかないことがあったとします。

それは必ずしも自分の責任ではないのですが、ともすると、「私の努力が足りなかったから、こんなことになった。みんなに迷惑をかけて申し訳ない」と自分を責めてしまうのです。

それだけ責任感が強く誠実な性格だとも言えるのですが、そのようにして自分を責めてばかりいるので、とても落ち込みやすいのです。

また、落ち込んだら、なかなか立ち直れません。

このような人は、「自分をほめる」という習慣を持つということが大切です。

一日一回だけでも、自分をほめてみるのです。

その日の生活の中で、うまくいったこと、満足できたことがあったときは、「私は、よくがんばっている」「私はすごい」「周りの人たちのために、私は役立っている」と、自分をほめてみます。

意識して、自分の良いところを探して、自分をほめてみるのです。

このような「自分ほめ」という習慣を持つことによって、「落ち込みやすい自分」「立ち直れない自分」を少しずつ変えていくことができます。

そして、落ち込むようなことがあったとしても、そこからすぐに立ち直っていく自分に生まれ変わっていくことができるのです。

自分をほめる習慣が、自分を強くしていきます。

コツ 自分を責めてばかりいないで、もっと自分をほめてみる

04 〝気難しい顔〟をやめる

「笑う」ということも、心の元気を取り戻すためには非常に効果があります。

悩みごとがあるとき、人は自分でも気づかないうちに、気難しい顔になってしまいがちです。


しかし、気難しい顔をしていても人生は好転しません。

むしろ、いっそうマイナス思考にはまり込んでいくだけです。


また、あまり気難しい顔ばかりしていると、肩が凝《こ》ってきたり、胃が痛くなってきたり、体調面にも悪い影響を及ぼすことになります。

ですから、そんなときには、自分で意識して笑ってみる方がいいのです。

「笑う」ということは精神面にさまざまな良い影響をもたらしてくれます。

たとえば、笑うことで、楽天的な気持ちになります。

少々難しい問題に直面したり、何か手痛い失敗をして落ち込んでいるときであっても、ほがらかに笑うことで、「どうにかなる。がんばろう」と前向きな気持ちになってくるのです。

笑うということには、そういうプラスの効果があるのです。

したがって、悩ましいことがあって自分が気難しい顔になっていると気づいたときには、ほがらかに笑ってみることをお勧めします。

身近にいる人に冗談を言って笑い合うのでもいいでしょう。

身近に笑い合う相手がいないときには、楽しかったことを思い出して笑ってみる、という方法もあります。

必ずしも声に出して笑う必要はありません。

笑顔を作るだけでもいいのです。

少し笑っただけでも、心がホッと休まり、そして前向きな気持ちになってきます。

コツ 明るく笑うことで、気持ちが前向きになっていく

05 気合いを入れる言葉を持っておく

禅の言葉に、「喝《かつ》」というものがあります。

この言葉には、「気合いを込めて叫ぶ」という意味があります。

たとえば、禅の修行者の中に、クヨクヨ思い悩んでいる人がいたとします。

そんな修行者へ向かって、師匠が大きな声で「喝！」と呼びかけるのです。

師匠から「喝！」と言われた修行者は、その言葉をきっかけにして気持ちがシャキッとするのです。

悩みを捨て去って、また修行に集中できるようになります。

また、この「喝」という言葉は、他人ばかりではなく、自分自身に対しても発せられます。

自分自身で「どうも私は、つまらないことでクヨクヨばかりしている」と気づいたときには、そんな自分自身に向かって「喝！」と言って気合いを入れるのです。

それがきっかけとなって、クヨクヨした気持ちが吹っ切れるのです。

一般の人たちも、何か失敗をして落ち込んでいるときには、そんな自分自身に向かって「喝！」という言葉を発してみてもいいと思います。

それが、立ち直りのきっかけになるかもしれません。

また、「喝」という言葉でなくても、たとえば、「よし、やるぞ！」「負けないぞ！」といった言葉であってもかまいません。

また、実際に大きな声を出さなくても、心の中で気合いを入れて「よし、やるぞ！」と叫んでみるのでもいいのです。

それをきっかけに心がシャキッと引き締まります。

気持ちが落ち着いてきて、また、力強く前向きに生きていけるようになるのです。

コツ 自分に気合いを入れるための「言葉」を持っておく

06

泥の中で美しく咲く「蓮の花」を思い浮かべる

禅の言葉に、「蓮《はす》は汚泥《おでい》より出《い》ず」というものがあります。蓮は、泥水がたまった池に生息する植物です。

しかし、とてもきれいな花を咲かせます。

その清浄な色や形から、蓮の花は古くから仏教で重んじられてきました。

仏像や仏画では、よく、お釈迦《しゃか》様は蓮の花の上に座った姿として造られたり描かれたりしています。

そんな蓮は泥水の中で育って、そして美しい花を咲かせます。

つまり、この禅語は、「汚れた人間世界であっても、貴《とうと》い気持ちをもって生きれば、蓮の花のように美しい存在に生まれ変わることができる」という意味を示しているのです。

また、「泥水であればあるほど、美しい大輪の花を咲かせる」という意味です。

今、ドロドロの人間関係に巻き込まれて落ち込んでいる人もいるかもしれません。

人間の欲望が渦巻《うずま》く競争社会の中で、「心も体も疲れきった」という思いでいる人もいるかもしれません。

しかし、そんな「汚れた世界」に身を置いていたとしても、自分自身が貴くて清い心を持って生きていれば、やがて「美しい存在」になっていくことができるのです。

したがって、もし「この世は汚れきっている」と気持ちが滅入ってくるようなことがあったときは、わずかな時間、「泥の中で咲く、美しい蓮の花」を心に思い浮かべてみるのです。

そして、「私も、蓮の花のように美しい人間になれる」とイメージしてみます。

そんな時間を持つことで、ホッと心が休まります。

そして、「清らかな心を持って、前向きに生きていこう」という気持ちもよみがえってくるのです。

コツ 清らかな心を持って、美しい生き方を実践していく

07

難しく考えすぎていないかチェックする

禅の言葉に、「関南北東西《かんなんぼくとうざい》、活路通《かつろつう》ず」というものがあります。

「関《かん》」とは、町に出入りするときに通る「門」のことを指します。

「活路」は、一般的によく知られている言葉ですが、その通り「追い詰められた状態から抜け出すための道、つまり方法」という意味があります。

つまり、この禅語は、「町の東西南北にある門は閉じられてはいない。追い詰められた状態から抜け出すための道は通じている。その方法はある」と言っているのです。

「八方ふさがりの状態だ」と言う人がいます。

窮地に陥《おちい》って、そこから抜け出すための方策がまったく見つからず、落ち込んでいる状態を言っているのでしょう。

これまで、願望を叶えるために一生懸命になってがんばってきた人がいます。努力のかいがあって、あともう少しで願望を叶えるところまで到達しました。しかし、後もう少しというところで「八方ふさがりの状態」に陥ってしまったのです。

しかし、そこで、あきらめることはないのです。

「門」は開いています。

また、少し気持ちを落ち着けて、もう少し考えてみれば、「活路」は必ず見つかるのです。そして、「活路」を見出すことができれば再び元気を取り戻して願望へ向かって前進していけるのです。

がんばっている人は、必ずどこかで壁に突き当たってしまうものです。

しかし、そこから脱出していけば、すばらしい世界が待っています。

八方ふさがりになったとき、壁に突き当たったとき、少しの時間、この禅語を思い出せば、勇気が得られると思います。

コツ 窮地に陥ってもあきらめることはない

08 自分でハードルを上げていることもある

困難な問題を抱え込んだとき、「この状況を改善するのは不可能だ。どんなにがんばっても、この問題を解決できないだろう」と考えてしまう人がいます。

しかし、それは自分自身の「思い込み」にすぎない場合も多いのです。

自分で「不可能だ」「無理だ」「ダメだ」と決めつけているだけの場合もあるのです。

禅の言葉に、**「至道無難《しどうぶなん》」**というものがあります。

「至道」は、「至《いた》る道」とも読みます。それは、「成功に至る道」です。また、「栄光をつかむ道」です。「夢を叶える道」でもあります。

「無難」は、「難無《なんな》し」とも読みます。「難しくはない」という意味です。

成功に至る道を歩いていく途中、何か問題にぶつかってしまいます。そのとき、「この問題を解決することは難しい」と頭を抱え込んでしまう人もいるのですが、この禅語は、そんな人に対して、「難しいことなどない」と教えているのです。

心配することはないのです。

あきらめることもありません。

もう少しよく考え、後もう少し努力してみればいいのです。

そうすれば、問題を解決する方策が見つかるでしょう。また、意外と簡単に、その問題を解決できてしまう場合もあるのです。

気持ちが弱くなって、あきらめてしまいそうになったときに、少しの時間、この禅語を思い出してみてほしいと思います。

そうすれば、「もう少し、がんばってみよう」という気持ちも生まれるでしょう。

コツ 問題は意外と簡単に解決できると知る

6章のポイント

◎ うまくいったことを思い出すと自信がよみがえる

◎「自罰傾向」がないか振り返ってみる

◎ 不機嫌な顔をしているとネガティブなスパイラルにはまってしまう

◎ ときには自分に「喝！」と気合いを入れる

◎ 自分から「無理だ」とあきらめている場合もあると知っておく

7章

怒りやイザコザに振り回されなくなる3分のコツ

01

「負けず嫌い」を美徳にしない

負けず嫌いな人がいます。

「負けず嫌い」という性格は必ずしも悪いことではありません。

それが自分のやる気にもつながっていくからです。

しかし、この負けず嫌いという性格が強すぎると、問題が生じてしまう場合もあります。

たとえば、ある女性は、負けず嫌いの性格でした。

そのために、「休む」ということができませんでした。

「少しでも休んでしまえば、周囲から後れてしまう」という思いから、そうとう疲労がたまっているにもかかわらず、休むことができなかったのです。

そんな彼女は、いつもランチをデスクで仕事をしながら食べていました。

そして、誰よりも早く出社して、誰よりも遅くまで残業していました。

しかし、その結果、疲労とストレスからダウンしてしまったのです。

小説家の尾崎一雄（19～20世紀）は、「疲れたら休むがよい、彼らもまた、遠くはゆくまい」（意訳）と述べました。

この言葉にある「彼らもまた、遠くはゆくまい」というのは、「自分が少し休んだからといって、ライバルたちが自分よりもずっと先へ行ってしまうことはない」という意味を表しています。

したがって、彼は、「疲れたときは休むのがいい」と言っているのです。

働いていて強い疲労感を感じたときは、ちょっとの間、お茶を飲んだりしてリラックスするのもいいでしょう。

そして、お昼休みもしっかり取ることです。

また、疲れているときは、残業をしないで帰ってもいいのです。

ときには有給休暇を取ってもいいのです。

それで周囲から取り残されてしまうと心配する必要はありません。

コツ 疲労感を感じたら少し休むことが「自分のため」になる

02 人に勝つより自分がやるべきことをやればいい

人と争って、人に勝つことばかりに躍起《やっき》になっていく生き方は、とても大きなストレスの原因になります。

周りから後れを取っているとわかったときは、イライラが止まらなくなります。

自分よりも良い成果を上げている人が身近にいれば、むしょうに腹立たしい気持ちになってきます。

「私が負けた」とわかったときには、落ち込んだまま立ち直れなくなることもあるでしょう。

そういう意味では、**「人と争って、人に勝つ」ということばかりに意識をとらわれるのではなく、「まずは自分がやるべきことを一生懸命にやっていくだけだ」と、マイペースで生きていく方が「心が休まる生き方」につながります。**

余計なイライラや怒り、落ち込みといった感情に振り回されないですむのです。

もちろん、適度なライバル心を持つことは大切なことだと思います。

「あの人に負けたくない」という意識が、やる気を高めるために役立つという面もあるのです。

しかし、人に勝つことばかりに躍起になる必要はないのです。

まずは、自分がやるべきことを一生懸命にやって、その結果として人に勝つことができれば、それに越したことはない、というぐらいに考えておけばいいと思います。

優先順位で言えば、「自分がやるべきことを一生懸命にやること」が先です。

「人に勝つ」というのは、後回しでいいのです。今、同僚に後れを取って落ち込んでしまっている人もいるかもしれません。

そんな人は、きっと、優先順位の最上位に「人に勝つ」ということを掲げてがんばってきた人なのでしょう。そんな自分を、少しの時間反省してみて、そしてその優先順位を変えてみれば、もっと安らかな気持ちで生きていけると思います。

コツ 「人に勝つ」を、人生の優先順位の最上位に掲げない

03

『菜根譚《さいこんたん》』が「厳しく叱るな」と説く理由

他人を激しい口調で責めたとき、後になってから、「あんなにガミガミ言わなくて良かった。乱暴な口調で責めなくても良かった」と後悔することがあります。
そのために、むしろ自分自身の方が気持ちが落ち込んできてしまうこともあります。

中国の思想書であり、洪自誠《こうじせい》（16～17世紀）著とされている『菜根譚《さいこんたん》』に、**「人の悪を責めるには、はなはだ厳《げん》なることなかれ」**という言葉があります。

この言葉にある「人の悪を責める」とは、「相手の悪い点や、あるいはミスを指摘する」ということです。

「はなはだ厳なることなかれ」とは、「あまり厳しく激しい口調で言ってはいけない」という意味を示しています。

もし上司ならば、相手に悪い点があれば、もちろん指摘しなくてはなりません。相手の不注意なミスに対しても、注意を与える必要があります。

しかし、その際には、あまり激しい口調で言いすぎない方がいいと思います。あまりに厳しく激しく言えば、その部下がふてくされてしまうばかりではなく、上司自身までも「あそこまで言わなくても良かった」と後悔し落ち込むことになってしまうからです。

つまり、激しく言いすぎてしまうことは、言われる相手にとっても、また自分自身にとっても悪い結果をもたらすのです。

ですから、感情的になりそうになったら、少しだけがまんしてみることが大切です。そして、穏《おだ》やかな口調で教え諭《さと》すようにする方がいいのです。

そうすることで、相手も、そして自分自身も嫌な思いをすることなく、心穏やかでいられるのです。

コツ 人を叱るときには、穏やかな口調で教え諭す

04

怒りは「和顔《わげん》」を壊す

仏教の言葉に、「和顔」というものがあります。

「穏《おだ》やかな顔」を意味する言葉です。

「相手には、穏やかな顔で接することが大切だ」というのが仏教の考え方なのです。

仏教の世界の人間関係は「怖い」「厳しい」というイメージを持っている人も多いのですが、決してそんなことはありません。

この「和顔」という言葉が示す通り、相手とは穏やかに接していくのが仏教の基本的な考え方なのです。

また、相手にむやみに腹を立てることは禁物です。

誰かに激しい怒りの感情を向ければ、そのために自分自身の心が乱れます。

自分自身の心の安らぎが破壊されてしまいます。

ですから、怒ってはいけないのです。

相手とは、穏やかな顔で接していかなければならないのです。

それが仏教の考え方です。


一般の人たちにとっても、周りの人たちとは、この「和顔」の精神を持ってつき合っていくことが大切だと思います。それが「心が休まる生き方」につながるからです。

職場の部下に怒ってばかりいる人がいます。

夫婦同士で、怒ってケンカばかりしている人たちもいます。

友人同士で、激しく言い争っている人たちもいます。

しかし、怒れば怒るほど、自分自身の心がズタズタになっていくだけなのです。

もし誰かに怒りたくなったときは、少しの時間、この「和顔」を作ってほしいと思います。

コツ 人に怒れば、自分の心がズタズタになっていく

05

「お先にどうぞ」で自分が安らぐ

英語に、「アフター・ユー」という言葉があります。

直訳すれば、「あなたの後で」という意味になります。

もう少し日本語らしい表現をすれば、「お先にどうぞ」という言葉になります。

イギリスでは、この「アフター・ユー」は人間関係のマナーであり、何事も「アフター・ユー」の精神を持って生きていくことで周りの人たちと仲良くやっていける、と考えられているのです。

そして、それがひいては、自分自身が「心穏やかに生きていく」ということにもつながっていくのです。

一方で、この「アフター・ユー」、日本語で言えば「お先にどうぞ」の精神が欠如している人もいます。

いわば「我先に」という人です。

たとえば、道で車が渋滞しているときに、我先にと他の車を追い越していく人がいます。

また、人気のあるお店のバーゲンセールに並んでいるとき、我先に他人を押しのけていく人がいます。

日頃の生活の中で、万事この調子で「我先に」なのです。

しかし、こういうタイプの人は、とかく周りの人たちとトラブルを引き起こしやすいのです。そのために、いつもイライラしています。

精神的に休まる暇《ひま》がありません。

それは、その本人にとって決して幸福な生き方ではないと思います。

「アフター・ユー」、つまり「お先にどうぞ」という譲《ゆず》り合いの精神を持って生きていく方が人間関係がうまくいきます。

それが自分自身の「心の安らぎ」になります。

コツ 「我先に」という生き方を改めてみる

06

良寛が大切にした「愛語」の心

仏教に「愛語《あいご》」という言葉があります。

「愛情のこもった、やさしい言葉」という意味です。

「人に対して、どんな理由があれ、乱暴な言葉遣いをしてはいけない、いつも、愛情のこもった、やさしい言葉を相手にかけていくことが大切だ」というのが、仏教の考え方なのです。

たとえば、江戸後期の禅僧だった良寛《りょうかん》(18〜19世紀)は、人間関係において、この「愛語」の精神を大切にしていました。

愛語には、「人間関係を変える力」があります。

たとえば、普段、意見が合わなくて、いがみ合ってばかりいる相手とも、愛語で接することによって円満な関係を築いていけます。

顔を合わせればケンカばかりしていた相手とも、愛語を心がけてつき合っていくようにすることで、仲良くやっていけるようになります。

愛情のこもった、やさしい言葉を相手にかけていくことで、そのように人間関係を変えていくことができるのです。

良寛は「愛情のこもったやさしい言葉には、そのような力がある」と考え、そして愛語を実践していたのです。

さらに言えば、そのように愛語が持つ「人間関係を変える力」によって、周りの人たちと円満な人間関係を築いていくことが、自分自身の「心が休まる生き方」につながっていく、と良寛は考えていたと思います。

愛情のこもった、やさしい言葉で人とつき合っていくのは、人間関係を良くするばかりか、自分自身の心の平安のためになるのです。

コツ 気が合わない相手だからこそ、やさしい言葉で話し合う

気が合わない相手に激しい言葉を発したくなったときは、少しの時間、「愛語」という言葉の意味を考えてみることが必要です。

07

人にいい言葉をかければ自分にいいことが起こる

仏教の言葉に、「自業自得《じごうじとく》」というものがあります。

「自業」とは、「自分の行い」ということです。

「自得」とは、「その報いは、自《みずか》らが得る」ということです。

一般的にも、よく、「それは自業自得だ」といった言い方をします。

ただし、一般的には、この自業自得という言い方は、悪い意味に使われる場合が多いように思います。つまり、「悪い行いをしたから、悪い報いを受ける」という意味です。

もちろん、仏教で言う自業自得にも、そういう意味があります。

たとえば、誰かに怒りの感情を向けます。相手の人格を否定するような、悪い言葉で避難します。すると相手も、ひどい言葉で言い返してきます。

そうなれば、自分の心には、怒りや恨みといったネガティブな感情が大きくふくらんでいくことになります。

これは、悪い意味での自業自得です。

しかし、仏教で言う自業自得には、もう一つの意味もあります。

それは、「良い行いをすれば、良い報いを得られる」ということです。

相手を思いやる、やさしい言葉をかけることを心がければ、その相手も自分にやさしい、いたわりの言葉をかけてくれます。そうすれば自分の心には安らぎが広がっていきます。これは、良い意味での自業自得です。

そういう意味では、人にはいつもやさしい、いたわりの言葉で接していくことが大切になってきます。

人にひどい言葉をかけそうになったときには、少しの時間それをがまんして、この自業自得の言葉の意味を思い出してほしいと思います。

コツ 相手にいい言葉をかけることは、自分にとっていいことになる

08

「ありがとう」は心が休まる最高の言葉

人間は、不満を言い出したらきりがありません。

「給料が安い」「仕事が気に入らない」「恋人がやさしくしてくれない」「友人が、私の都合を考えてくれない」など、お金のことや、仕事のことや、人間関係のことについて不満を言い出したら、もっともっと出てくるに違いありません。

しかし、軽い気持ちから不満を述べ立てることには、注意も必要です。不満を言えば言うほど、不幸な気持ちになっていくからです。

そのうち、まるで自分が世界中で一番不幸な人間に思えて腹が立ってくることにもなりかねません。

その怒りの感情から、生きていく意欲が失われていきます。

自己嫌悪の感情が増していき、イライラや怒りをコントロールできなくなります。

そういう意味では、不満というものは、あまり口に出さない方が賢明です。

むしろ、幸福な気持ちで心穏やかに生きていくためには、不満を言うよりも、「ありがとう」という言葉を口にすることが大切です。

たとえば、夜、寝る前に、今自分に与えられているものに「ありがとう」と感謝し、そして満足する習慣を持ってみたらどうかと思います。

確かに、不満を数え出したらきりがない、というのも事実かもしれません。しかし、一方で、探そうと思えば、自分の生活に感謝すべきことがたくさんあるのも事実なのです。

それを見つけ出して、「ありがとう」と言ってみるのです。

「何不自由なく生きていけるだけの収入がある。ありがとう」

「友人がいるだけで、私は幸せだ。ありがとう」

このように、「ありがとう」と感謝する習慣を持つだけでも、これまでよりずっと安らかな気持ちで生きていけるようになります。

コツ 不満は自分を不幸に、感謝は自分を幸福にする

09

忙しくて自分を見失っていないか、ときどき見直す

禅の言葉に、「帰家穏坐《きかおんざ》」というものがあります。「帰家」は、「家に帰る」とも読みます。

「穏坐」は、「穏やかに坐《すわ》る」とも読みます。この禅語は、一つには、文字通り「家に帰って、穏やかに坐る」ということを意味しています。

この言葉は禅語ですから、「坐る」とは、もちろん「座禅」を意味しています。

「穏やかな気持ちで、静かに瞑想する」ということです。

家に帰ったときには、わずかな時間であっても、そのように「穏やかな気持ちで、静かに瞑想する」という時間を持つことが「心休まる生き方」につながっていくのです。

また、もう一方で、この「家」には、「本来の自分」という意味もあります。つまり、「家に帰る」という言葉は、「本来の自分自身に返る」「本来の自分を取り戻す」という意

味でもあるのです。

「本来の自分を取り戻して、気持ちを鎮《しず》める」ということです。

よく、「怒りにかられて、自分を見失う」と言います。

「気持ちが焦ってしまって、自分を見失ってしまった」という人もいます。

そのような心理状況にあるとき、わずかな時間、気持ちを鎮めて、本来の自分を取り戻すことが大切です。

なぜなら自分を見失ったままでは、怒りにかられ、とんでもない間違いをしでかしかねないからです。

したがって、そのようなときこそ、気持ちを落ち着け、穏やかな気持ちになって、本来の自分を取り戻す時間を持つことが大切です。

コツ 自分を見失った状態だと、とんでもないミスを犯しやすい

7章のポイント

◎「休めない性格」は自慢できるものではない

◎「負けたくない」でずっとがんばっていると「心が休まらない生き方」になってしまう

◎感情的になると相手を傷つけるだけでなく、自分も後悔することになる

◎人と「和顔」で接することを心がける

◎「我先に」より「アフター・ユー」

◎「愛語」には人間関係を変える力がある

◎「自業自得」にはポジティブな意味もある

◎不満や怒りを言葉に出すと、意欲が失われる。いっぽうでネガティブ感情がより増幅しコントロールできなくなってしまう

◎夜、寝る前に「ありがとう」と言う習慣を持つ

8章

迷いが吹っ切れる3分のコツ

01 瞑想で信念を強める

スティーブ・ジョブズは、次のように述べました。

「最も重要なのは、自分の心から生じる直感を信じる勇気を持つことだ。直感は、どういうわけか、自分が本当になりたいものをすでによく知っている」（意訳）と。

彼自身、悩んだときや迷ったときには、この「自分の心から生じる直感」に耳を傾けたと言います。

そして、その「直感が発する声」が聞こえると、悩みや迷いが吹っ切れて、不思議に気持ちが落ち着いてきたと言います。

そして、「よし、やってやるぞ」というやる気と強い行動力も生まれてきたのです。

このスティーブ・ジョブズが、そんな「直感」を得るための方法として習慣としていたのが「瞑想《めいそう》」でした。

ジョブズは日課として、短い時間であっても瞑想を実践していました。

心を鎮めて、呼吸を調え、精神を集中します。

そのようにして瞑想していると、やがて彼自身の「直感の声」が聞こえてくるのです。

その直感にしたがって行動することが、彼の生き方でした。

そして、その直感に従うことで、彼は自分の人生を成功に導いたのです。

この彼の言葉である「直感は、自分が本当になりたいものをすでによく知っている」という言葉には、そういう意味が込められているのです。

悩みや迷いにとらわれずに生きていくための方法として、「瞑想を習慣にする」ということも有効であると思います。

瞑想する習慣は、疲れた心を休めるために有効であるばかりではなく、信念を持った生き方をしていくためにも役立つと思います。

コツ 静かに瞑想する時間が、疲れた心を休ませてくれる

02

「自分の心から聞こえてくる声」に耳を傾ける

禅の言葉に、「主人公《しゅじんこう》」というものがあります。

この言葉は、一般にもよく使われます。

たとえば、「小説の主人公」「映画の主人公」といったようにです。

この「主人公」には、「中心人物」や、あるいは「ヒーロー」「ヒロイン」といった意味があります。

しかし、禅で言う「主人公」は意味が違います。

禅には、自分の中に「真実に目覚めた、もう一人の自分」がいる、という考え方があります。

その自分の中にいるもう一人の自分が「主人公」なのです。

ある禅僧は、心に迷いが生じたり、何かに思い悩んだときは、「私の中にいる主人公よ。

いったい、どうすればいいですか」と自分自身に語りかけていたと言います。

いわば「自問自答する」ということだとも言えます。

そうすると、心の奥から、この「主人公」の声が聞こえてくるのです。

「主人公」は真実に目覚めた存在ですから、その声はいつも正しいものなのです。

心の奥から聞こえてくる「主人公」の声によって、どうすればいいかがわかりホッと心が休まるのです。

一般の人たちも、何かに迷ったり悩んだりしたときは、「自問自答してみる」ということを試してもいいと思います。

少しの時間、自分の中の「主人公」に問いかけてみるのです。

そうすれば、心の中から声が聞こえてくるかもしれません。

そして、そんな「心の声」が、迷いや悩みを吹っ切るヒントを与えてくれるかもしれないのです。

コツ 悩みごとの答えを、自分自身に問いかけてみる

03

情報が多すぎて決められないとき

禅の言葉に、「即心即仏《そくしんそくぶつ》」というものがあります。

直訳すれば、「心がすなわち仏《ほとけ》なのであり、仏とはすなわち心なのだ」ということになります。

ある禅の修行僧が、師匠に、「仏とは、いったい、どこにいるのですか」と尋ねました。

それに対して、その師匠が答えた言葉が「即心即仏」なのです。

つまり、「仏を自分の外側に探しても、仏は見つからない。あなたの心こそが、仏なのだ。言い換えれば、仏はあなたの心の中にいる」と、その禅の師匠は答えたのです。

この禅語は、たとえば、次のように理解できるのではないでしょうか。

何か新しいビジネスを始めようというときは、色々な方面から情報や資料を集めます。

もちろん、それはビジネスを成功させるために大切なことだと思います。

しかし、現代は情報化社会です。集まってくる情報や資料が多すぎて、かえって「どうすれば新規ビジネスを成功させることができるのか迷いが深まってしまう」という場合もあるのではないかと思います。

そのために、いったい何をどうすればいいのかわからなくなってしまうのです。

そういう場合には、自分の心に問いかけてみるのです。

「仏は自分自身の心の中にいる」とは、言い換えれば、「真実は自分の心の中にある」ということです。したがって、禅僧も坐禅などを通じて、自分の心と会話を重ねます。そういう修行を通して「生きることとの真実」を知っていくのです。

ですから、ビジネスマンも、情報や資料を集めながら、もし迷いが生じたときは、少しの時間自分の心に向き合って、「どうすればいいいか。私は何をしたいのか」と問いかける習慣を持つのが良いと思います。

自分の「心」は、きっと、正しい方向を指し示してくれるでしょう。

コツ 真実は自分の「心」の中にあると知っておく

04

幸福な生き方について自分の答を持っておく

禅の言葉に、「回光返照《えこうへんしょう》」というものがあります。

「外へ向かって放たれている光を、自分自身へ向ける」という意味を表しています。

この禅語にある「光」とは、「意識」の比喩《ひゆ》です。

つまり、**「外にばかり向けられている意識を、自分の内面へ向ける」**ということを言い表しているのです。

一日の生活の中で、たとえわずかな時間であっても、自分の内面へ意識を向ける時間を持つことが大切なのです。

自分の内面へ意識を向け、自分は今どういう精神状態にあるのかを考えます。

また、本当に自分が望んでいることは何なのかについて考えてみます。

そして、自分自身にとって本当の意味で幸福な生き方とはどのようなものなのかを考えてみるのです。

そのような内面へ意識を向ける習慣を持つことによって、「悟りを得られる」と禅は考えるのです。

「悟りを得る」とは、ある意味、「心安らかに生きていけるようになる」ということです。

特に、日頃から慌ただしい人間関係に悩むことが多かったり、あるいは、さまざまな問題に直面して迷いが多い生活を送っている人は、「回光返照」する時間、つまり、外にばかり向けられている意識を、自分の内面へ向ける時間を持つ習慣を作るのがいいと思います。

それは、その本人にとって、きっと心が休まる時間になると思います。

そして、そのような心休まる時間を作る習慣を持つことによって、安らかな人生を築いていくことができるようになるのです。

コツ わずかな時間であっても、自分の内面に問いかける時間を作る

05 ダ・ヴィンチの「仕事から離れよ」の意味

物事に迷ってしまい、あれこれ考えて判断がつかないというときがあります。

考えが行き詰まって、何をどうすればいいかわからなくなってしまう場合もあります。

そういうケースでは、「その場から少しの時間離れてみる」ということが有効な手段になります。

その場から離れて、悩みごとから頭をいったん切り離すことで、気持ちがリフレッシュします。

そして、気持ちがリフレッシュすると、迷いが吹っ切れて的確な判断ができるようになることもあるのです。

レオナルド・ダ・ヴィンチは、「少し仕事から離れて、心を休める時間を取ることは良いことだ。というのは、ふたたび仕事に戻ってきたときに、より良い判断ができるから

だ」と述べました。

やはり、迷ったり、行き詰まったときには、わずかな時間であっても心を休めることが大切だ、ということを指摘した言葉だと思います。

具体的な方法としては、たとえば、外へ出て空や樹木を眺めてみるのもいいでしょう。レストルームへ行って、顔を洗ってくるのでもいいでしょう。

もう少し時間の余裕があるときには、近くを散歩してきてもいいのです。

そして、その際は、悩みごとからいったん頭を切り離します。

迷っていることについて考えないようにします。

そのようにして、また再び仕事場へ戻ってきたとき、「ああ、そうだったのか。こうすれば良かったのか」と、不思議に迷いが吹っ切れることがよくあるのです。

そして、良い決断ができ、積極的な行動へ移れるようになることもあるのです。

コツ その場から離れることで、心が休まっていく

06 迷いは努力の証である

「今やっていることを、このまま続けていていいのだろうか。私は、もしかしたら、間違っていることをしているのではないか」という迷いに心をとらわれてしまうときがあります。

たとえば、仕事で、自分が企画したあるアイディアを実現するためにがんばっているとします。

当初は、自分自身、「このアイディアは必ず成功につながる。このアイディアを実現することは大きく会社に貢献し、またお客さんを喜ばせることになる」と確信していたのです。

しかしながら、仕事を進めていく段階で、「このアイディアで本当に大丈夫だろうか」という迷いにとらわれてしまうのです。

しかし、「成功につながる」と信じて始めたことは、よほどのことがない限り最後までその信念を変えずにやり通すことが大切です。

仏教の教えに、**「迷いとは努力の表れである」**というものがあります。

人は、何かを成し遂げようと思い一生懸命になって努力すればするほど、「本当に、これでいいのか？」と迷うものなのです。

誠実な気持ちで努力している人ほど、色々なことで迷ってしまいがちです。

もし「自分がやっていることは本当に正しいのか？」と迷うことがあったとしても、そこであまり思い詰めないことが大切です。

「私は誠実に一生懸命努力しているから、迷うのだ。そういう意味では、迷うからこそ、いっそう成功に近づける。迷うからこそ、すばらしい成功を得られる」と、前向きに考えることです。

わずかな時間でもそう考えて、気持ちを切り替えていくことが必要です。

コツ 「迷う自分」を否定的に考えない方が良い

07 役に立たなくてもやり通すという覚悟を持つ

禅の言葉に、「破《は》沙《さ》盆《ぼん》」というものがあります。

「破沙盆」とは、「ヒビが入ったすり鉢《ばち》」のことです。

「沙盆」は、「すり鉢」を指します。

「破」には、「ヒビが入った」という意味があります。

もちろん、ヒビが入っているすり鉢ですから使い物にはなりません。

ある禅の修行者が、師匠に、「修行の本質とはどのようなものですか」と尋ねました。

それに対して、その師匠が答えた言葉が「破沙盆」です。

この師匠は、その修行者が「今やっている修行は、本当に悟りを得るために役立つのだろうか」という迷いを持って、そのようなことを聞いてきたと見抜いたのです。

そこで、「修行など破沙盆のようなものだ」と答えたのです。

つまり、「修行といったものは、破沙盆のように何の役にも立たないものだ」と答えたのです。

これはある意味、とても逆説的な言葉なのです。つまり、あえて「修行など何の役にも立たない」と言うことで、その修行者の覚悟を試したのです。

覚悟がある修行者であれば、この修行は何の役にも立たないとわかっても、それでも修行を続けるでしょう。

そして、**そういう覚悟ある修行者でなければ、実は、悟りに到達はできないのです。**

一般の人も、「成功するために、今やっていることは本当に役立つのだろうか」と迷うときがあるかもしれません。

そんなときには、少しの時間、この「破沙盆」という禅語を思い浮かべたらいいと思います。そうすれば、覚悟が定まると思います。

そして、覚悟が定まれば、迷いも吹っ切れます。

コツ 覚悟を決めなければ手に入らないものもある

08 トルストイの「ダメな作品でも書き続けなければ」の真意

「一生懸命にがんばっているけど、私の努力は報われるだろうか？　もしかしたら、努力がすべて無駄になってしまうのではないか」と、そんな不安を口にする人がいます。

確かに、人生では、「努力がすべて無駄になる」ということもあるかもしれません。

しかし、それを不安に思って努力することをやめてしまったら、結局は何も手に入らないのです。

努力が無駄になる場合もあるかもしれませんが、それでも努力を続けていくことでしか大きな成果は手にできないのです。

トルストイは、「書いたものが良いものだろうが、悪いものだろうが、書き続けなければならない」（意訳）**と述べました。**

がんばって小説を書いて傑作が完成することもあります。

しかしながら、がんばって小説を書いても、思ったような作品ができないこともあります。

努力して書いたにもかかわらず、ダメな作品が完成してしまうこともあります。

しかし、そんなふうに努力が報われないことを不安に思って書くことをやめてしまったら、結局は一冊の小説も書き上げられないことになります。

ですから、トルストイは、「それでも書き続けなければならない」と言ったのです。

努力が報われるか報われないかといった考え方自体を捨て去って、無心になってがんばっていくしかない、ということなのです。

「努力が報われるだろうか？」という迷いに陥って、がんばる意欲を失ってしまう人もいると思います。

そんな人は、少しの時間、このトルストイの言葉を思い出すと良いと思います。

コツ 「努力が報われるだろうか？」という迷いを捨てて、努力する

09

禅が教える「普通に生きていけばいい」とは

禅の言葉に「普《ふ》」というものがあります。

ある禅の修行者が、師匠に、「禅の本質とは何ですか」と尋ねました。

それに対して、その禅の師匠が答えたのが、この「普」という一言だったのです。

この「普」は、「普通」や「普段」の「普」です。

また、この「普」は、「普《あまね》く」とも読みます。「あまねく」とは、「すべてのこと」という意味です。

つまり、その師匠は、「すべてのことを普段通りに普通にやることが、禅の本質だ」と答えたのです。

この場合、「すべてのこと」とは、「今やるべき課題」「目の前にある課題」という意味に理解することができます。

人は先々のことを考えて、「こうなったら、うまくいかなくなるかもしれない。どうすればいいんだろう」と迷うことがあります。おそらく弟子もそんな迷いを感じて、師匠に「禅の本質とは何ですか」と尋ねたのでしょう。

それに対して、師匠は、「今目の前にある、やらなければならない課題を、普段通りに普通にたんたんとやっていくことが大事だ。それが心の迷いを吹っ切る方法だ」と教えたのです。

何も迷うことはないのです。

「どうすればうまくいくか」と心を迷わすこともないのです。

ただ普段通りに、がんばっていけばいいのです。ただ普通に生きていけばいいのです。ただそれだけのことなのです。

迷いにとらわれたときは、心を休める意味で、少しの時間、この「普」という禅語を思い出すのが良いと思います。

コツ 特別なことを考えなくても、ただ「普」で生きていけばいい

10

「がんばっていれば結果はついてくる」と信じる

禅の言葉に、「結果自然成《けっかじねんじょう》」というものがあります。

「結果、自然《じねん》に成る」とも読みます。

「物事の結果というものは、自然にそうなるものなのだから、迷ったり、焦ったり、悩んだりすることはない」という意味を表しています。

たとえば、庭で花を育てることにしたとします。その際、人は、「どうすれば、きれいな花を咲かせてくれるだろう。どの場所に植えればいいだろう。水や肥料のやり方は、どうすればいいだろう」と迷ったり思い悩んだりします。

この禅語は、そのような人に対して、「そんなふうに迷ったり悩んだりするのは当然かもしれないが、大切なことは、とにかく一生懸命大切に花を育てることだ。そうすれば自然に、きれいな花を咲かせてくれるだろう」と教えているのです。

人は成功を願います。

そして、「成功するために、どうすればいいのだろう」と迷ったり悩んだりしてしまいがちです。

この「結果自然成」という禅語は、また、そういう人に対して、「あまり迷ったり悩んだりしないことだ。それよりも、今目の前にあるやるべきことを一生懸命になって誠実に行っていくことが大切だ。そうすれば、自然に人生は良い方向へ向かって行くだろう。良い結果は自然にもたらされるだろう」と指摘しているのです。

問題なのは、迷いの中に完全にはまり込んでしまって、「今やるべきこと」をほったらかしにしてしまうことです。

そうなってしまったら「良い結果」は期待できなくなります。

そうならないために「結果自然成」は、少しの時間、思い出してほしい禅語です。

コツ 迷うことよりも、今やるべきことをするのが大事

8章のポイント

◎「直感が発する声」が聞こえれば、悩みや迷いを吹っ切れる

◎ジョブズのような多忙な人も、瞑想を日課にしていた

◎迷ったら「主人公」(自分の中にいるもう一人の自分)に語りかけてみる

◎仕事や勉強から少し離れてみると、より良い判断ができることがある

◎「がんばっても、どうせ……」とやめてしまうのが報われない理由である

◎「どうすればうまくいくか」を考えて迷うなら、禅の「普」を思い出そう

9章

人づきあいに疲れたときの3分のコツ

01

"気疲れ"に効く習慣をセットで持っておこう

「人づきあい」に疲れを感じやすい人がいます。

周りの人たちとの関係がうまくいっていない、というわけではありません。

人間関係でトラブルを抱えやすい、というわけでもないのです。

周りの人たちとは、ごく普通につき合っているのですが、それでも人づきあいに気疲れを感じてしまうのです。

こういうタイプの人は、基本的に、他人への気遣いが下手なのではなく、むしろ上手な人が多いようです。普通の人以上に他人に気を遣ってしまうので、その分、人づきあいに疲れてしまうのです。

たとえば、『進化論』で有名なイギリスの自然科学者だったダーウィン(19世紀)が、そういうタイプの人だったと言われています。

彼は、学会での集まりや、パーティなど、たくさんの人たちが集まっている場に出席すると、その人づきあいでグッタリと疲れてしまい、翌日は寝込んでしまうくらいだったそうです。

そんなダーウィンほどひどくはなくても、「私は人づきあいで疲れやすいタイプだ」という自覚がある人もいると思います。

そういうタイプの人は、日頃から、小まめに「心を休める」ということを実践していくことが大切です。

その「心を休める」ための方法の一つとして、「本や雑誌を読む」ということがあります。

好きな本や、興味がある記事を載っている雑誌をいつも手元に置いておいて、ちょっと時間が空いたときにそれを読む、という習慣を身につけるのです。

本や雑誌を読んでいる間は、自分の世界に入り込むことができます。他人のことを忘れられます。それが良いリラックスになるのです。

コツ 時間が空いたときに、好きな本や雑誌を読んでみる

02 ノートに「心の記録」を書き出す

「人づきあいに疲れを感じやすい」という人は、日常生活の中で、「自分一人の世界に入り込む時間」を作ることが大切です。

その時間が、心の疲労感を取り去り、そして心を休ませてくれます。

その時間が、他人への気遣いを忘れさせてくれて、心をホッと安らげてくれるのです。

「自分一人の世界に入り込む」ための方法として、どんなものがあるかと言えば、たとえば「心の記録をつける」というものがあります。

「日記」というほど大げさなものではありません。

それ専用のノートや手帳などを用意しておいて、短い時間で、今心の中で感じていることを何行か書き出すのです。

「うれしく感じたこと」

「これからやりたいこと」

「週末の予定」

「覚えておきたいこと」

「ちょっと腹が立ったこと」

そのようなことを、短い時間で、ちょこちょこと書き出すのです。

それを書いている間、自分の世界に入り込めます。

人間関係のわずらわしさを少しの時間であっても、忘れていることができるのです。

それが良い「心の休息」になります。

できれば、一日の中で何度か、そういう「心の記録をつける」時間を作り出すのが良いと思います。

そうすれば、以前よりも、人づきあいで疲れなくなっていくと思います。

その結果、今よりもっと楽な気持ちで、人とつきあっていけるのではないでしょうか。

コツ 「心の記録をつける」ためのノートを用意しておく

03

「一人きりになれる時間」を作る

人間が感じるストレスの中で「人間関係のストレス」がもっとも大きなものではないかと思います。

特に会社のような、大勢の人たちが集まり、また、上下関係やライバル関係がある環境では、人間関係のストレスはさらに大きくなると思います。

たとえば、会社でうつ病などストレス性の病気になる人を調べると、その大半の原因は「人間関係のストレス」だったといいます。

これは、言い換えれば、普段人間関係のストレスを感じている人は、そのストレスを和らげるような工夫を自分なりに持っておく必要がある、ということだと思います。

その方法の一つに、「一人になる時間を作る」というものがあります。

わずかな時間でも良いのです。

たとえば、ちょっと職場から離れて、一人になる時間を作ります。

屋上に出て、一人で空を眺めるのもいいでしょう。

休憩室で、一人でお茶を飲んでもいいでしょう。

短い時間であれば、ちょっと席をはずしても、上司に叱られることはないでしょう。

たとえ、そんなわずかな時間であっても、一人になる時間を作ることがいい気分転換になります。

そして、一人になったときには、仕事や人間関係のことから頭を切り離して、何も考えないようにします。

無心になってみるのです。

そうするとストレスがスーッと解消されるのです。

そして、そのように短い時間で少しずつストレスを解消しておけば、病気になるまでストレスを過剰にため込むこともないと思います。

コツ 人から離れて一人きりになってみる

04

心をしがらみから解き放つ

禅の言葉に、「遊戯三昧《ゆげざんまい》」というものがあります。

「遊戯」は、一般的にも使われる言葉です。

一般的には、「ゆうぎ」と読みます。

これは、「遊びたわむれること」を意味しています。

しかし、禅では「ゆげ」と読み、意味も異なります。

禅で言う「遊戯」は、「しがらみから解き放たれて、安らぎの境地に入ること」を意味します。

たとえば、「人間関係のしがらみ」です。

会社では、上司と部下との関係があります。

上司や部下といくら相性が合わなくても、それなりにつき合っていかなくてはならない関係があります。

取引先の担当者との関係もあります。

その担当者がいくら意地悪な相手だったとしても、円満につき合っていかなくてはならない関係があります。

そんな「人間関係のしがらみ」にストレスをため込んでいる人もいると思います。

だからこそ、そんな人間関係のしがらみから解き放たれて、心を休ませる時間を持つことが必要になってくるのです。

この禅語にある「三昧」には、「雑念を取り払って没入《ぼつにゅう》する」という意味があります。

すなわち、「上司が嫌いだ」「取引先の担当者が気に入らない」といった雑念を取り払って、「遊戯」、つまり「安らぎの境地」に没入する、ということです。

そんな時間を、一日の生活の中で、少しでも持つことが大切です。

コツ 「あの人が嫌いだ」「あの人が気に入らない」といった雑念を捨てる

05 好き嫌いに振り回されない考え方

「悟《さと》れば好悪《こうお》なし」という禅語があります。

「悟った人間には、好き嫌いという感情などない」という意味です。

悟った人は、人間関係についても、好き嫌いといった感情はありません。

もちろん、相性が合わない相手や、考え方が違う相手もいるでしょう。

しかし、だからといって「あの人は嫌いだ」という感情は持たないのです。

むしろ、相性が合わない相手や、考え方が違う相手のことを尊重します。

「あの人は、私とは違ったものの見方や感じ方をする。物事を、あのようにとらえる人もいる。あの人と一緒にいるおかげで、私自身の視野が広がった」

「あの人は、私とはまったく違った考え方を持っている。あの人の話を聞いていると勉強になることが多い」

といったように考えるのです。

したがって、相性が合わない人や、考え方が違う人とも謙虚に、また円満につき合っていくことができるのです。

そのような自分とは異質の性格を持つ人であっても、イライラしたり、感情を乱されたりするということはありません。

また、自分と相性が合う相手や、自分とは考え方が合う相手であっても、その人だけを尊重し、他の人は軽蔑するということもありません。

相手が誰であっても、平等につき合っていけるのです。

誰でも、相性が悪い人や、自分とは考え方が異なった人との人間関係に悩むこともあると思います。

そんなときには、心を休める意味で、少しの時間、この「悟れば好悪なし」という禅語を思い浮かべると良いのではないでしょうか。

コツ 「好き嫌い」で、つきあう人を判断しない

06
不満をぶつけたくなったら いったん相手の立場から見てみる

円満な人間関係を築いていくコツの一つに、「相手の気持ちや、相手の立場に立ってものを考える」というものがあります。

相手の気持ちや立場を理解することができれば、その相手にやさしい気持ちになれるのです。

思いやりある気持ちで相手に接すれば、相手も自分にやさしくしてくれます。

一方で、相手の気持ちや立場に立つことができず、自分の都合ばかり主張する人がいます。

こういうタイプの人は、意見の相違から、とかく周りの人たちと衝突してしまいがちです。

そのために、自分自身も、いつも人間関係のストレスに悩まされることになります。

もちろん、自分の気持ちや立場を相手に伝えていくことは大切です。

しかし、そのときに、ちょっとだけでいいので、相手の気持ちや立場を想像してみる習慣を持つのです。

「そうか、この人は、こういう気持ちから、こんな言い方をするのか」

「この人は今、難しい立場に立たされているんだな。だから、こういう行動を取るんだ」

ということがわかれば、相手への接し方が変わります。

そうすると、ストレートに自分の気持ちや立場を主張するのではなく、相手のことを十分に考慮した上で、自己主張する方法ややり方を工夫するようになります。

そうすれば、むやみに相手と衝突してしまうことを避けられます。

その結果、どのような相手とも円満につきあっていくことができ、人間関係のストレスも軽減されていきます。

そして、それは「心休まる生き方」につながるでしょう。

相手のことを考慮することが、自分自身の心の安らぎとなるのです。

コツ 相手に思いやりを示せば、相手からもやさしくしてもらえる

07

「天下無敵」……敵を作らない生き方

禅の言葉に、「天下無敵《てんかむてき》」というものがあります。

これは、一般的にも、よく使われる言葉です。

一般的には、「論争をやらせたら、あの人は天下無敵の強さだ」などといった言い方をします。

そこには「強い」「勝利する」「競争に負けない」といった意味が含まれています。

しかし、禅で言う「天下無敵」には、そういう意味はありません。

それは、誰かと言い争って、その相手を打ち負かす、ということではないのです。

禅で言う「天下無敵」は、「この世界で、敵を作らない」ということなのです。

さらに言えば、「敵が無いということが、自分自身の安らかな人生につながっていく」ということです。

誰かと激しく言い争えば、その相手は自分を敵視してくることになるでしょう。

さらに、その相手をコテンパンに打ちのめしてしまえば、その相手はいっそう強くこちらを敵だと認識してくるに違いありません。

禅で言う「天下無敵」と言う言葉は、「そのようなことをするのは、愚かなことだ」ということを教えているのです。

そんなことをして、自分の周りにたくさん敵を作ってしまえば、結局、嫌な思いをするのは自分自身なのです。

敵になった人たちは、自分に復讐《ふくしゅう》してくるかもしれません。そうなれば、自分自身が辛い思いをしなければならなくなるのです。

そうならないために、「誰とでも仲良くつきあっていくことが大切だ」ということを、この禅語は指摘しているのです。

誰かと言い争いを起こしそうになったら、少しの時間、この「天下無敵」という禅語の意味を思い出すのが賢明です。

コツ 敵を作らないことは、自分の心の安心につながる

08

「他人は他人、私は私」と割り切ると集中力が高まる

周りの人と自分とを比較して、

「みんなどんどん成長し活躍しているのに、私一人だけはちっとも成長していない。これといった活躍も見せられない」

と落ち込んでしまうときがあります。そして、

「みんな私のことを心の中でバカにしているに違いない。私を見下しているに違いない」

と思えてきます。

ある女性は、いつも自分が周りの人たちからバカにされているように思えて仕方ないと言います。

そのためにストレスがたまり、仕事に集中できないのです。

しかし、そのような精神状態では、ますます自分の成長は止まってしまい、周りの人た

ちと差をつけられていってしまうだけではないでしょうか。

禅の言葉に、**「他はこれ吾《われ》にあらず」**というものがあります。「他」は、「他人」の意味です。「吾」とは「私」のことです。

つまり「他人は、私ではない」という意味です。

当たり前のことを言っているように聞こえるかもしれませんが、ここには禅の深い教えがあるのです。

禅では、「他人は他人、私は私である。他人がどうだとか、他人が自分をどう見ているかなど気にせずに、自分がやるべきことをたんたんと進めていくことが大事だ」ということを教えています。

他人と自分を見比べてしまったり、周りの人たちの自分を見る目が気になったときには、ほんのわずかな時間、この「他はこれ吾にあらず」という禅語を思い出せば、心が安らぐと思います。

そして、自分が今やるべきことへの集中力が生まれると思います。

コツ 他人のことを気にするより、自分がやるべきことに集中する

09 前に進んでいれば味方が現れる

自分では「会社のため。同僚たちのため。お客さんのため。取引先のため」と思って一生懸命にやっていても、変に目立ってしまって社内で孤立することがあります。

そういう経験をすれば、その本人とすれば強い孤独感を感じることになります。「私を理解してくれる人は一人もいない」と感じて、一生懸命に働くことへの意欲も失っていくことになるでしょう。

しかし、そこで投げやりな気持ちになってしまうことは、自分の人生にとって決して良いことではないと思います。

というのも、その本人とすれば「誰も私を理解してくれない。一人も私の味方になってくれる人はいない」と思っているかもしれませんが、実際にはそんなことはない場合が多いからです。

必ず近くに、そんな自分の味方になってくれる人がいるものです。

古代中国の思想家である孔子（紀元前6～5世紀）は、

「**徳は孤《こ》ならず。必ず隣《となり》あり**」

と述べました。これは、「徳のある人は、決して孤立することはない。必ず近くに味方になってくれる人がいる」という意味を表しています。

したがって、投げやりな気持ちになってしまう前に、わずかな時間を取って、「私の味方になってくれる人は誰だろう？」と考えてみてもいいと思います。

一生懸命にがんばっている「徳ある人」であれば、必ず、「そうだ、あの人は私の味方になってくれる。あの人も私に賛同してくれるだろう」ということに気づくと思います。

そうすれば、孤独感に陥って落ち込むこともありません。

自分を「出る杭」として打とうとしているのは、実は、「すべての人」ではなく、ごく一部の人だと気づくはずです。

コツ 理解者がいないように思えても投げやりにならなくていい

9章のポイント

◎人づきあいに疲れを感じやすい人は、「自分一人の世界に入り込む時間」をとることが大事

◎仕事中に、短時間でも職場から離れて心を休める習慣を持つと、ストレスが解消されやすい

◎「相手の気持ちになってみる」のは、ストレスをやわらげる意味でも効果が高い

◎人に勝って敵をつくると、将来のストレスになる。禅語「天下無敵」は「敵がいない生き方」を教えている

◎周りの目が気になるときは「他はこれ吾にあらず」で集中力を取り戻す

◎正しいと信じることをしていて孤独を感じたら孔子の「徳は弧ならず。必ず隣あり」を思い出す

10章

自信がわいてくる心の休め方

01

自律神経のバランスが整う習慣を取り入れる

自己嫌悪の感情を抱きやすいタイプの人がいます。

ちょっとでもうまくいかないことがあると、

「私はなんてダメな人間なんだろう」

「私のために、みんなに迷惑をかけている」

「私の努力が足りないから、こんなことになった」

と、自分を責めてしまいます。

そして、そのストレスから自律神経の働きが悪くなってしまいます。

夜眠れなくなったり、体調が悪くなったり、疲労感が抜けなくなります。

そういう状態が長く続けば、やがて、ストレス性の病気になったり、あるいは、生きる意欲を失っていくことにもなりかねません。

したがって、自己嫌悪の感情を抱きやすいタイプの人は、日頃から「心を休める」という習慣を持っておく必要があると思います。

「心を休める」という習慣を持っておくことで、過剰なストレスが心にたまっていくことを避けられます。

また、「心を休める」という習慣が自律神経の働きを良くし、心身の健康を保持し続けることに役立つのです。

その方法として、「深呼吸する」「笑う」「お茶を飲む」「自然に目を向ける」「ストレッチをする」などさまざまな方法があります。

いずれにしても、短時間でできるものばかりです。このような方法を日常生活の中で、さまざまなバリエーションで取り入れていくことが大事です。

そうすることで、自律神経の働きが良くなり、自己嫌悪に陥ることがあっても、そのために病気になったりするリスクを避けられます。

コツ 自律神経の働きを良くすることを、小まめにやっていく

02

日光浴をすると心が元気になっていく

日光浴は、精神面にとても良い影響があることが知られています。

まず、日の光を浴びると、脳の中でセロトニンというホルモンの分泌が盛んになります。

このセロトニンは「気持ちを落ち着ける」「心を安らげる」という働きをします。

ですから、このセロトニンの分泌が盛んになれば、それだけ心がホッと休まるのです。

さらに、ストレスが解消され、楽天的な気持ちになれるのです。

また、日光浴をすると体が温まります。

そのために血流が良くなります。

それも、とても気持ち良いことです。

心がホッと安らぐことなのです。

そういう意味から、自己嫌悪の感情に陥りやすく、そのために落ち込みやすい人は「日光浴をする」という習慣を持つのが良いと思います。

特に、現代では、屋内で働くオフィスワーカーが多くなっています。

そのような環境では、人工的な光を浴びる時間が長くて、日の光を浴びる機会はあまりありません。

ですから、自分で意識して、ちょっと時間が空いたときは、わずかな時間、日の光を浴びるようにするのがいいでしょう。

たとえば、日の光が差し込む窓辺に行きます。

もう少し時間があれば、屋上へ出てもいいと思います。

お昼休みには、外へ出ます。

そして、十分に日光を浴びます。

そのようにして日の光を浴びることで、心が休まり、また、心が元気になっていくのです。

コツ 時間を見つけて、短時間であっても日の光を浴びるようにする

03 ストレスがたまってきたら足を温める

精神的に過剰なストレスがかかると、体の血流が悪くなります。

よく「顔が青くなる」と言います。

強い心配や不安といった感情にとらわれたときの、顔の様子を言い表した表現です。

「顔が青くなる」のは、まさに血流が悪くなった証です。

強いストレスから血流が悪くなり、顔から血の気《け》が引いてしまった状態です。

逆の言い方をすれば、悪くなった血流を良くすることによって、精神的なストレスが解消されます。

つまり、心配や不安といった感情がやわらぐのです。

血流を良くする方法として、「足を温める」というものがあります。

足を温めると、全身の血流が良くなるのです。

その結果、精神的な安らぎも得られます。

そういう意味では、自己嫌悪の感情から、あれこれ心配したり不安に思うことが多いという人は、普段から「足を温める」という習慣を持っておくのも効果的だと思います。

足を温めることがストレス解消や、また、心の癒しにつながっていくのです。

手軽にできる足の温め方としては、まずは、お湯の中に足をつけておくという方法があります。

足に温水シャワーをかけるという方法もあるでしょう。

そんな方法で足を温めるだけでも、ずいぶん心が休まるものです。

あるいは、足裏カイロやレッグウォーマーを用いる、という方法もあります。

また、足を温めると、新陳代謝が良くなって、免疫機能が高まり、風邪にかかりにくくなるといったメリットも得られます。

したがって、足を温めるのは、心にも体にも良いのです。

コツ 足を温めることで、心身共に元気になっていく

04

森の中に身を置くとストレスホルモンが減る

ストレス解消の方法の一つに「森の中を歩く」ということがあります。

次のような実験がありました。

何人かの人に森の中を歩いてもらって、その後に唾液の成分を調べたところ、唾液中のコルチゾールの濃度が減少していたことがわかったというのです。

コルチゾールは、別名、ストレスホルモンとも呼ばれています。

ストレス過剰の状態になると、唾液中のコルチゾールの濃度が増加します。

逆に、心が安らいでいるときは、唾液中のコルチゾールの濃度が低下します。

つまり、森の中を歩くと、ストレスが減って心が安らぐのです。

そういう意味では、精神的にストレスがたまっていると自覚したときには、ちょっとの時間、近所の森を散歩すると良いと思います。

コツ 仕事に疲れたら、森林浴をする

ベートーベンやモーツァルトも、仕事に疲れたときにはよく森の中を歩いたといいます。

森の中を歩くことで、気持ちがリフレッシュして、創作意欲が再びかき立てられたのです。

また、森を歩いているときに、作曲に関してなにか面白いアイディアが思いつく、ということもあったのです。

日本は幸いにして森林の面積がとても広いのです。田舎はもちろん豊かな森に恵まれていますし、また都会であっても緑の豊かな公園が数多くあります。

都会で生活している人は、そんな緑豊かな公園を散歩するのがいいでしょう。

そうすることで、心が安らぎ、また、「一生懸命生きていこう」「がんばって仕事をしよう」という意欲もわいてくるのです。

05

「アニマルセラピー」を取り入れる

心を癒す方法の一つに、「アニマルセラピー」があります。

犬やネコといった身近な生き物に触れると、不思議と心が休まるのです。

そういう意味では、自宅でペットを飼っている人は、ちょっとストレスを感じたり、また気持ちが落ち込んでいるときには、ちょっとペットと触れ合う時間を作るのがいいと思います。

ペットと触れ合うことで、ストレスが解消されます。

また、落ち込んだ気持ちが軽くなります。

また、自宅で家事や仕事をしている人は、ペットの犬を散歩につれていくことが、自分自身の心の安らぎになるのと同時に、自分自身のいい運動にもなります。

そして、軽い運動をするということ自体も、いいストレス解消になるのです。

その意味では、ストレス解消と適度な運動という意味で、ペットを散歩につれていくのを日課にするのがいいと思います。

一方で、賃貸住宅などではペットを飼うことを禁止されている場合もあります。

そのような場合は、今、ネコカフェなど、動物と触れ合う時間を作ってくれるお店がありますから、そういう場所を利用するというのも一つの方法になると思います。

珍しいものでは、フクロウなどの鳥と触れ合う機会を作るお店などもあるようです。

フクロウは、犬やネコのように表情や行動にあまり感情を表しませんが、それでも、じっとしているフクロウを見ているだけで心が癒されてくる、という人もいるようです。

また、水族館では、イルカなどと一緒に泳ぐことができる施設があるところもあるようです。

また、直接触れるものではありませんが、水槽《すいそう》で熱帯魚を飼うことも、広い意味でアニマルセラピーの一つになっています。

コツ 身近な動物に触れる

06
夜空を見上げて宇宙や星に思いをはせる

夜、星空を眺めながら宇宙について考えると、心が静かに休まるものです。

たとえば、帰宅が夜になったとします。

その日一日一生懸命に働いて、クタクタに疲れています。

そんなときには、ちょっと夜空を眺めてみるといいと思います。

下ばかりを見て歩いていくのではなく、ちょっと立ち止まって、顔を上へ上げて夜空を眺めてみるのです。

そして、宇宙について思いをめぐらしてみます。

広大な宇宙について思っていると、心が休まってきます。

「私の悩みなんて、宇宙の広大さに比べたら、なんてチッポケなんだろう」と思えてきます。

そして、「こんな悩みは早く捨て去って、明日から意欲的に生きていこう」という前向きな気持ちも生まれてきます。

昼間でも、宇宙について思いをめぐらすことができます。

部屋の中に、宇宙の写真や、あるいは絵画を飾っておくのもいいと思います。

小さな写真であれば、手帳にはさんでおくこともできるでしょう。

そして、イライラしたりクヨクヨしたときには、ちょっとの時間、宇宙の写真や絵画を眺めながら、果てしのない広大な宇宙について考えてみるのです。

宇宙の神秘について書かれた本を読むのもいいと思います。

さまざまな星座の写真集を眺めるのもいいと思います。

やはり、本や写真集を通して、宇宙について考えてみるのです。

そうすると、ストレス解消になると同時に、宇宙に蓄《たくわ》えられている大きなエネルギーが自分の中に満たされてくるのを感じることができます。

コツ 宇宙に蓄えられている大きなエネルギーを、自分の中に満たす

07 ありのままの自分を受け入れる

「私には何の才能もない。だから、成功することなど望めないだろう」

「能力のない私は、これといった活躍などできずに終わってしまうに違いない」

と嘆《なげ》く人がいます。

そんな人たちに知ってもらいたいのが、**「無事《ぶじ》、これ貴人《きじん》」**という禅語です。

「無事」とは、「何事もない」ということです。

「貴人」には、「すばらしい人」という意味があります。

つまり、この禅語は、「何事もなく生きていく人こそ、すばらしい」という意味があります。

この「何事もなく」とは、「これといった才能も能力もなく」という意味にも理解できると思います。

また、「成功などすることなく」「活躍などすることもなく」という意味にも理解できます。

そうであっても、十分に、すばらしい人になれる、すばらしい生き方ができる、ということです。

一方で、この「無事」には、自分を責めたり、自己嫌悪に陥って落ち込んだり悩んだりすることもない「安らかな心」「穏やかな心境」という意味もあります。

人並みはずれた才能や能力があるわけではなく、世間に名が知られるような成功や活躍はできなかったとしても、そんな自分を責めることなく、心穏やかに生きていくことが、素晴らしい人の証になるのです。

大切なことは、ありのままの自分を受け入れることです。

才能や能力はなくても、そんなありのままの自分を大切にして生きていくことで、心が休まります。

少しの時間、この禅語の意味を思い出せば、心が楽になると思います。

コツ 自分を責めるよりも、ありのままの自分を大切にしていく

08

禅語の「万事休す」とは？

禅の言葉に、「万事休す《ばんじきゅう》」というものがあります。

これは、一般的にも良く使われる言葉です。

一般的には、「どうにもならない状況になってしまって、万事休すだ」といった言い方をします。

その場合、この「万事休す」には、「方策が尽きた」「お手上げだ」「あきらめるしかない」といった意味があります。

しかし、禅語には、そういう意味はありません。

禅で言う「万事休す」とは、「すべてのことを、休《きゅう》する。つまり、休ませる」という意味なのです。

人は、さまざまなことに思い悩みながら生きています。

自分の欠点に思い悩むこともあるでしょう。

自己嫌悪にはまり込んでしまうこともあると思います。

ふがいない自分自身に腹が立ってくることもあります。

そのような自分自身へのネガティブな感情のすべてを「休する」という時間を持つことが大切です。

この場合、「休する」には、「何も考えない」「無心になる」「心を空っぽにする」といった意味があります。

自分へのネガティブな感情を忘れ去って、無心になる時間を持つことによって、心が休まっていくのです。

年がら年中、朝から晩まで、自分自身についてクヨクヨ悩んでいたら自分がダメになっていくばかりです。

少しでも「心を休ませる時間」を持つことが必要になるのです。

コツ 自分へのネガティブ感情を忘れ去って、心を休ませる

09

ちょっとがんばれば実現できる夢を追う

自己嫌悪の感情にとらわれやすい人の特徴の一つに、「理想が高い」ということが挙げられます。

自分自身への理想が高いのです。

「こんな人間になりたい」という高い理想を掲げてがんばっているのですが、その理想にまで手が届きません。

そんなときに、「私はダメだ」「私には能力がない」と、自分を強く責めてしまうのです。

そして、自己肯定感がどんどん下がっていきます。

理想を持って、その実現を目指していくことは、もちろん悪いことではありません。

理想を持つことが、自分のがんばる意欲を高めるという一面もあると思います。

しかし、「高すぎる理想」は、かえって、自己嫌悪の感情に結びついていきやすいとい

うのも事実なのです。

そういう意味で言えば、まず大切なのは、がんばっても手が届かないような理想の自分を追いかけるよりも、「少しがんばれば実現できる自分」を目指して努力していく方が賢明である、ということです。

さらに具体的に言えば、理想を掲げるときは、それを実現するための計画を立てるのがいいと思います。このような日程で、こういう努力を積み重ねていけば、理想を実現できる、という計画です。

具体的な計画を立てることによって、その理想を今の自分に実現できるかどうかの判断ができます。

そして、「今の私には無理だ」と気づいたときには、実現可能なところまで、その理想を引き下げるのがいいと思います。

コツ 理想よりも「手が届く自分」を追いかける

10章のポイント

◎ 自己嫌悪の感情は自律神経のバランスを乱れさせる

◎ 日光浴で脳内のセロトニンを増やす

◎ 足を温めると心も安らぐ

◎「森の中を歩くとストレスホルモンが減る」を生活に取り入れる

◎「ペットとふれあう」「空を見上げる」など、できることを習慣にする

◎「どうせ私なんて」と自分を責めない(「無事、これ貴人」)

◎ 高すぎる理想はストレスのもと。「手が届くところを目指す」を続ける方が良い

おわりに

「気が休まらない」という状態を改善し、安らかな状態を取り戻すための、たった1つの習慣は、「心をプラスにする」ということです。

ゆっくり休むと、自然に、心がプラスになります。

前向きな気持ちが生まれ、元気が回復するのです。

休暇を利用してスポーツを楽しんだり、旅行をしたり、親しい友人と楽しく語らうことも、その人の心をプラスにします。

そして、心がプラスになると、「また、がんばろう」という意欲もわいてくるのです。

「疲れがたまっている」「気疲れしている」という状態は、心がマイナスになった状態であると言ってもいいでしょう。

ですから、休息を取って、心をプラスの状態に戻すことが大切なのです。

人間は、しっかり休んで、心をプラスにする時間がないと、幸せに、健康的に生きてはいけません。

疲労がどんどん蓄積していくばかりでは、どこかでダウンしたまま立ち上がれないことになってしまうでしょう。

結果的に、心もマイナスの状態になったまま、プラスの状態に戻らなくなってしまいます。

ですから、定期的に休む時間を作るよう心がけていくことが重要です。

「がんばったら、休む。しっかり休んでから、またがんばる」というリズムを保ちながら生きていく方が良いと思います。

それが充実した人生を実現するコツになります。

そして、悔いのない人生を送っていくための大切な習慣になるのです。

植西 聰

本書は、２０１７年に三五館から刊行された『心を休める習慣』に大幅に新原稿を加え、再編集したものです

青春新書
PLAYBOOKS

人生を自由自在に活動《プレイ》する

人生の活動源として

いま要求される新しい気運は、最も現実的な生々しい時代に吐息する大衆の活力と活動源である。

文明はすべてを合理化し、自主的精神はますます衰退に瀕し、自由は奪われようとしている今日、プレイブックスに課せられた役割と必要は広く新鮮な願いとなろう。

いわゆる知識人にもとめる書物は数多く窺うまでもない。

本刊行は、在来の観念類型を打破し、謂わば現代生活の機能に即する潤滑油として、逞しい生命を吹込もうとするものである。

われわれの現状は、埃りと騒音に紛れ、雑踏に苛まれ、あくせく追われる仕事に、日々の不安は健全な精神生活を妨げる圧迫感となり、まさに現実はストレス症状を呈している。

プレイブックスは、それらすべてのうっ積を吹きとばし、自由闊達な活動力を培養し、勇気と自信を生みだす最も楽しいシリーズたらんことを、われわれは鋭意貫かんとするものである。

—創始者のことば—　小澤和一

著者紹介

植西 聰〈うえにし あきら〉

東京都出身。著述家。学習院高等科・同大学卒業後、大手企業に勤務。独立後、人生論の研究に従事。独自の『成心学』理論を確立し、人々を明るく元気づける著述を開始。95年、「産業カウンセラー」(労働大臣認定資格)を取得。

著書に67万部のベストセラー『折れない心をつくる　たった1つの習慣』(青春新書プレイブックス)、『後悔しないコツ』(自由国民社)、『孤独に強くなる9つの習慣』(ワニ・プラス)などがある。

心《こころ》が元気《げんき》になるたった1つの休《やす》め方《かた》

青春新書 PLAYBOOKS

2019年5月30日　第1刷

著　者　植《うえ》西《にし》　聰《あきら》

発行者　小澤源太郎

責任編集　株式会社プライム涌光

電話　編集部　03(3203)2850

発行所　東京都新宿区若松町12番1号 〒162-0056　株式会社青春出版社

電話　営業部　03(3207)1916　振替番号　00190-7-98602

印刷・図書印刷　製本・フォーネット社

ISBN978-4-413-21137-6